# ANSELM BILGRI
# HERZENSBILDUNG

S. 116 Ehrfurcht
S. 219 Egoismus

ANSELM BILGRI

# HERZENSBILDUNG

Ein Plädoyer
für das Kapital
in uns

Piper München Zürich

*Mehr über unsere Autoren und Bücher:*
*www.piper.de*

Von Anselm Bilgri liegen im Piper Verlag vor:

Finde das rechte Maß (mit Konrad Stadler)
Stundenbuch eines weltlichen Mönchs
Herzensbildung

ISBN 978-3-492-05286-3
© Piper Verlag GmbH, München 2009
Satz: Kösel, Krugzell
Druck und Bindung: CPI – Clausen & Bosse, Leck
Printed in Germany

*parentibus et magistris*

# INHALT

# VORWORT

Allenthalben ist heute von der Wissensgesellschaft
die Rede, gar von der Informationsgesellschaft. Gemeint
ist, dass das Wissen bzw. die Wissenschaft – und hier besonders die Naturwissenschaft – zu einer bestimmenden Leitfigur unseres modernen Lebens geworden ist.
Durch die rasante Entwicklung der Informationstech-
nologie steht uns zu jeder Zeit jegliche Form und Menge
an Information zur Verfügung. Wissen ist Macht, heißt
es. Gemeint ist in der modernen Gesellschaft damit
wohl: Durch die Vermehrung von Informationen wird
ein Zugang zu Machtstrukturen überhaupt erst ermöglicht. Damit aber erliegt die moderne Gesellschaft einem
gravierenden Denkfehler. Denn sie setzt die überbor-
dende Fülle an Information mit der Zunahme von Wissen gleich. Dazu kommt, dass durch die Überbetonung
des intellektuellen Wissens kaum noch Raum bleibt für

emotionale und soziale Intelligenz. Oder wie es Manfred
Fuhrmann, ein Altmeister der Bildungstheorie, in einem
Essay über den Niedergang der klassischen deutschen
Bildungsidee schreibt: »An die Stelle der überlieferten
Kategorien Person, Geist und Kultur traten in unver-
hüllter Einseitigkeit die Begriffe Gesellschaft, Einkom-
men und soziale Gerechtigkeit.« Bildung wird demgemäß nicht mehr als geistiger Prozess verstanden, der
den Menschen zu Selbstständigkeit und Freiheit, zu
einer Wahrnehmung des Kulturellen und Ästhetischen
befähigt, sondern nur noch als ökonomischer und sozia-
ler Faktor in der Kategorie des Nützlichen.

Der Grundstein dafür wird bereits in der Primärstufe
des Bildungsweges gelegt. Durch zunehmende Speziali-
sierung und gezielte Förderung der technischen und
naturwissenschaftlichen Ausbildung soll schon hier
den ökonomischen Bedürfnissen unserer Gesellschaft,
der Wirtschaft und des Staates Rechnung getragen werden. Wirtschaft und Technik als angewandte Naturwissenschaft werden auf diese Weise zu bestimmenden
Faktoren auch hinsichtlich unseres gesellschaftlichen
Bildungs- und Erziehungsideals. Eine gravierende Ver-
schiebung unserer Werteskala ist damit unausweich-
lich. Der moderne Bildungskanon hält nicht mehr die
Instrumente bereit, mit deren Hilfe wir ein gutes und
angemessenes Leben in Balance mit uns selbst, den
Mitmenschen und der Umwelt führen können (die
Glückseligkeit der alten Philosophen), sondern ist ge-
kennzeichnet durch eine Einseitigkeit, die die einzelnen
Elemente zu monströsen, alles bestimmenden Götzen

unserer modernen Welt mutieren lässt. Eine Welt, die
von Zahlen, Formeln, knapper Zeit und Gier nach Ma-
teriellem geprägt zu sein scheint. Zwar wird in den Dis-
kussionen der Bildungspolitiker genauso wie in den
Auseinandersetzungen der Ökonomen die Forderung
nach einem wertegeleiteten Ordnungsrahmen erhoben,
zwar werden Ethikkommissionen auf allen Ebenen gebildet, um sich der gemeinsamen Werte zu versichern.
Doch bleibt das Ergebnis oft im Unbestimmten. Werte
werden postuliert, aber um welche Werte es dabei
konkret gehen soll, bleibt oft außen vor. Wir müssen
uns daher viel grundsätzlicher die Frage stellen, welche
Werte unsere moderne Gesellschaft kennzeichnen sollen. Dann wird auch deutlich, warum Bildung nicht
nur durch ökonomiegesteuertes und technikgestütztes
Anhäufen von Zahlen-, Daten-, Faktenwissen geprägt
sein sollte, sondern ergänzt werden muss durch das, was
man Herzensbildung nennt.

Papst Benedikt XVI. sagte in einem Fernsehinterview
mit deutschen Journalisten dazu Folgendes:

»*Fortschritt kann nur Fortschritt sein, wenn er dem Menschen dient und wenn der Mensch selber wächst; wenn in
ihm nicht nur das technische Können wächst, sondern
auch seine moralische Potenz. Und ich denke, das eigentliche Problem unserer historischen Situation ist das
Ungleichgewicht zwischen dem ungeheuren rapiden An-
wachsen dessen, was wir technisch können, und unserem
moralischen Vermögen, das nicht mitgewachsen ist. Und
deswegen ist die Bildung des Menschen das eigentliche*

*Rezept, der Schlüssel von allem, und das ist auch unser Weg. Und zwar hat diese Bildung, kurz gesagt, zwei Dimensionen: Zunächst einmal müssen wir natürlich etwas lernen: Wissen, Können erwerben, Know-how, wie man so schön sagt. ... Aber wir brauchen zwei Dimensionen, es muss die Bildung des Herzens, wenn ich's so sagen darf, mit dazukommen, durch die der Mensch Maßstäbe gewinnt und dann auch seine Technik richtig gebrauchen lernt.«*

Ein anderer großer Religionsführer unserer Tage, der Dalai Lama, drückte dies ganz ähnlich in einem Gespräch mit einer deutschen Journalistin aus:

*»Auf meinen Vortragsreisen bin ich immer wieder von der Lernfreudigkeit der Menschen im Westen überrascht. Die Zuhörer lassen Tonbandgeräte laufen oder schreiben mit. Ganz anders als zum Beispiel tibetische oder chinesische Buddhisten, die zwar sehr andächtig dasitzen, aber doch nicht so begeistert lernen wollen. Ich bin immer wieder beeindruckt von der Tatkraft und dem Wissensdurst, denen ich hier begegne.*

*Aber ich habe auch festgestellt, dass viele Menschen oft ausschließlich in Schwarz-Weiß- und Entweder-oder-Kategorien denken und dabei übersehen, wie sehr alles voneinander abhängt und einander bedingt. Man vergisst dabei leicht, dass es zu jeder Frage mehr als nur zwei Gesichtspunkte gibt.*

*Vielleicht kommt das daher, dass die westliche Ausbildung fast nur auf die Entwicklung der Intelligenz und ein möglichst großes Wissen ausgerichtet ist. Die Herzensbildung kommt dabei wohl zu kurz. Das hat sicher historische Gründe. Früher haben sich hauptsächlich die Kirchen um die moralischen und spirituellen Dinge gekümmert. Heute aber ist ihr Einfluss im Schwinden. Dadurch fehlt den Kindern bestimmt etwas Wesentliches in ihrer Erziehung. Es muss ein Gleichgewicht zwischen dem Gehirn und dem Herzen bestehen. Ich denke, dass ein herzloses menschliches Wesen mit einem sehr gut funktionierenden Gehirn ein gefährlicher Unruhestifter ist. Ich schätze jemanden, dessen Intelligenz weniger entwickelt ist, der aber ein gutes Herz hat, höher ein.«*

(Das Gespräch ist in dem Buch »Mitgefühl und Weisheit« abgedruckt.)

Die Metapher Herz, die im Begriff Herzensbildung verwendet wird, weist auf etwas Wesentliches, dem Menschen zutiefst Innewohnendes hin. Schon in der Antike wurde darüber gestritten, wo der Sitz der Seele des Menschen sei, im Gehirn oder im Herzen. Trotz der neuesten Erkenntnisse der Neurowissenschaften, denenzufolge man alle seelischen Vorgänge durch das Messen von Gehirnströmen sichtbar machen kann, ist es nach wie vor ein schönes Bild, für das, was wir die Seele eines Menschen nennen, als symbolische Lokalisation das Herz anzunehmen.

Die große Tradition der Thora, der jüdischen und hebräischen Religionsurkunde, die unserer Kultur neben den Einflüssen der griechischen und römischen Philosophen zugrunde liegt, hat uns ebenfalls viele

Sprachgemälde für das Herz als Mitte des Menschen mitgegeben. In der Bibel ist das Herz vor allem Sitz des Gefühls und bringt Verlangen und Begehren hervor. Das Herz steht oft *pars pro toto* für den ganzen Menschen, und Aussagen über ihn und seinen Zustand werden auf Aussagen über sein Herz konzentriert. Der Prophet Ezechiel lässt Gott verheißungsvoll über sein Volk sagen: »Ich schenke ihnen ein anderes Herz und gebe ihnen einen neuen Geist. Ich nehme das Herz von Stein aus ihrer Brust und gebe ihnen ein Herz von Fleisch« (Ez 11,19). Und Jesus, der von sich selbst im Evangelium sagt, er sei »von Herzen demütig«, belehrt seine Jünger, dass der Mensch nicht durch Dinge von außen unrein wird, sondern aus dem Inneren: Vom »Herzen kommen böse Gedanken, Mord, Ehebruch« (Mt 15,19). Aber auch: »Selig, die ein reines Herz haben; denn sie werden Gott schauen!« (Mt 5,8)

Die katholische Frömmigkeitsgeschichte kennt eine Verehrung des Herzens Jesu, die trotz aller Verkitschung im 19. und 20. Jahrhundert das Bewusstsein für diese wunderschöne Metapher vom Herzen als Mitte des Menschen, ja sogar Gottes, lebendig gehalten und mit dem Gebetsruf »Bilde unser Herz nach deinem Herzen« eine der innerlichen Frömmigkeit geschuldete Variante der Herzensbildung zum Ausdruck gebracht hat. Der bedeutendste Theologe des beginnenden Mittelalters, der Kirchenvater Augustinus, wird mit einem brennenden Herzen als Attribut dargestellt. Zwei seiner Worte stehen dafür Pate: »*Cor ad cor loquitur* – Herz spricht zum Herzen.« Und: »Unruhig ist unser Herz, bis es ruhet in dir.« Beides sind sehr ausdrucksstarke Hinweise auf das Wesentliche des Menschen, das in seinem Herzen beheimatet ist und von dort aus mit anderen Menschen und deren Wesenskern, ihrem Herzen, in Beziehung tritt. In diesem Herzen hört der gläubige Mensch auch die Stimme des »inneren Meisters«, die nicht einfach mit der moralisierenden Stimme des Gewissens gleichgesetzt werden darf.

Zum aufmerksamen Hören aber muss dieses Herz erst befähigt, im wahrsten Sinne des Wortes herangebildet werden. Dafür gibt es verschiedene Wege wie Erziehung und Bildung in einem weit gefassten Kontext. Die Seele, das Herz des jungen Menschen, soll dabei nach einem bestimmten Bild geformt werden. Nur: Welches Bild habe ich von einem idealen Menschen, wie soll sein Herz gebildet sein? Neben dem rein verstandesmäßigen Aneignen und Erlernen von Kenntnissen, abspeicherbarem Wissen, eben den Zahlen, Daten, Fakten und Formeln (den sogenannten »hard skills«), geht es bei der Herzensbildung um die sozialen, emotionalen, kommunikativen, künstlerischen und religiösen Fähigkeiten des Menschen. Diese »soft skills« prägen unser Erfahren, Fühlen, Denken, Wollen und Handeln, das Bild des Herzens wird so zum Symbol für die Heranbildung einer Persönlichkeit.

Der Begriff »Person« betont, dass der Mensch in Freiheit und mit Vernunft handeln kann, dabei zu sich selbst und zur Umwelt in ein bewusstes Verhältnis tritt. Er übernimmt Verantwortung und Pflichten, verfolgt Zwecke und Interessen und will sein Leben im Bewusstsein der eigenen Geschichte und der offenen Zukunft als einmaliges, unverwechselbares Schicksal gestalten. Die Begriffsgeschichte des Wortes Person kann uns einen Weg zu einem vertieften Verständnis weisen. Der lateinische Begriff *persona* lässt sich auf zweierlei Arten herleiten. Zum einen über das phönizische Wort *persu*, das die Maske bezeichnet, durch die der Schauspieler im Theater spricht und an der sich die von ihm verkörperte Rolle zeigt. Zum anderen über das Verbum *personare* (durchtönen). Diese Ableitung verweist ebenfalls auf die antike Theaterpraxis – hier tönt die Stimme des Schauspielers durch die Maske. Vor diesem Hintergrund betrachtet wäre also eine Person zur Persönlichkeit gereift, wenn deren eigentliches Ich, das »Herz«, zum Tönen, zum Klingen kommt, indem es in Kommunikation mit anderen Menschen tritt.

Ein Grund, warum die Herzensbildung als Fundament jeglicher anderen Bildung und Erziehung in unserer modernen Gesellschaft »zu kurz kommt«, wie der Dalai Lama meint, mag mit einem eigenartigen Phänomen zusammenhängen: dem Paradoxon vom Zweck der Zweckfreiheit. Ich meine damit, dass die einzelnen Bereiche unseres kulturellen Lebens ihre Apriorität behalten müssen als Voraussetzung und Fundament, auf dem aufgebaut werden kann, ohne dabei selber einem Zugriff, einer Verzweckung zu unterliegen. Das Aneignen von Zahlen, Daten, Fakten im üblichen Lern- und Lehrbetrieb unserer Ausbildungsstätten hat den unmittelbar einsichtigen Zweck, Informationen, Wissen, im besten Falle Bildung zu speichern. Darauf sollen später weitere – zumeist faktenlastige – Bildungsinhalte aufbauen, die während des folgenden beruflichen Werdegangs abgerufen werden können. Dieses Wissen, diese Form der Bildung ist messbar. Die Herzensbildung ist dagegen nicht so leicht zu fassen und zu beschreiben. Sie wird durch keine unmittelbar kontrollierbare Datenmenge umschrieben, man kann ihrer nicht richtig habhaft werden, sie ist ein flüchtig' Ding. Sie kann und darf nicht verzweckt werden, und dennoch ist ein Mensch nur dann richtig Mensch, um ein Wort von Schiller abzuwandeln, wenn er Herzensbildung besitzt. Nur: wie sie erlangen?

Wenn ich mit meinen Freunden über das Thema dieses Buches spreche, höre ich oft den Einwand: »Herzensbildung kann man nicht lernen, die hat man oder hat man nicht.« Hier wird vielleicht zu sehr von der Erfahrung mit erwachsenen, in ihren Verhaltensweisen schon festgefahrenen Menschen ausgegangen. Mein Plädoyer zielt ja gerade darauf ab, die Herzensbildung mit der Wissensvermittlung bei jungen Menschen zu verbinden. Schließlich scheint es ja auch in der Vergangenheit gelungen zu sein, den Menschen in ihrer Entwicklung ein weites und sensibles Herz mitzugeben, das ihnen das Leben mit anderen und das Meistern der eigenen Unzulänglichkeiten erleichtert und sie die Anwendung des erworbenen Wissens mit dem rechten Augenmaß gelehrt hat.

In der Wissenschaftsgeschichte des Westens hat sich seit der Antike über die *artes liberales* (das sind die

»Fächer« der spätantiken und frühmittelalterlichen Bildung wie Rhetorik, Arithmetik und Musik), die Universitätsfakultäten der beginnenden Neuzeit und die gymnasialen Lehrpläne ein Fächerkanon des Wissens herausgebildet, der zwar von Land zu Land und Kulturkreis zu Kulturkreis voneinander abweichen mag, aber doch zunehmend international und global gleichzieht – schon aus ökonomischen Wettbewerbsgründen. Das große Paradigma der Moderne ist dabei die individuelle Freiheit des Einzelnen gegenüber der Einbindung in Stand, Zunft oder Klasse, wie das in der Gesellschaft vor der Zeit der Aufklärung üblich war. Die Autonomie- und Kreativitätswerte haben die Oberhand gegenüber den Pflicht- und Sollenswerten gewonnen. Jeder Mensch entscheidet zumindest in der idealen Theorie selbst über seinen Lebensentwurf und dessen Realisierung. Die Grenzen der Selbstentfaltung bilden die Authentizität des Selbst, der Wert alles Lebenden und die Freiheit des anderen – für einen religiösen Menschen ausformuliert in Gottes Gebot, konkret im Christentum in den beiden Grundmaximen des Hauptgebots der Liebe und der Goldenen Regel. Dies dürfen wir bei unserer Betrachtung der Herzensbildung nie aus dem Auge verlieren. Diese Werte sind zu beachten, nur auf ihnen aufbauend kann das Projekt der inneren Formung, der Bildung des »Lebenswissens« als notwendiges Pendant zur Vermehrung des äußeren Faktenwissens akzeptiert werden und gelingen.

Hier kann nur ein erster und zugegebenermaßen subjektiver Versuch gemacht werden, einige Säulen der

Herzensbildung aufzuzählen, die für mich als wesentlich zu einer Bestimmung dessen gehören, was wir mit diesem Begriff meinen. Dabei ist festzuhalten: Mag der Begriff Herzensbildung etwas Überzeitliches, Dauerhaftes, Nachhaltiges evozieren, so geht es doch um den konkreten Menschen, dessen Herz, dessen Innerstes, dessen Persönlichkeit gebildet und gefördert werden soll.

# LIEBE

## für die
## Ego-Gesellschaft

*»Liebe und tu, was du willst!«*
AUGUSTINUS

Seit der Aufklärung, also seit der Zeit, die wir die Moderne nennen, strebt der Mensch nach der Freiheit von Bindungen. Ging es zunächst darum, Gebundenheiten an vorgegebene Autoritäten und Strukturen zu überwinden, etwa im feudalistischen Ständestaat mit seinen seit Jahrhunderten gewachsenen gegenseitigen Abhängigkeiten und Privilegien, so durchdrang die Idee der Freiheit und Ungebundenheit des Individuums immer mehr den Bereich der persönlichen Lebensgestaltung. Individualismus nennen wir dieses Phänomen. Man denke nur an die Freiheit bei der Partner- und Berufswahl, die es in einem derart hohen Maße wie zu unserer Zeit nie in der Geschichte menschlicher Gesellschaften gegeben hat. Früher bestimmten die Herkunftsfamilie und ihr gesellschaftlicher »Stand« den zukünftigen Ehepartner und den »zünftigen« Beruf. Heute erleben wir

dies in der Regel nur noch in der Begegnung mit anderen Kulturen, in Zeiten der Migration oft vor der eigenen Haustüre. Den langen Weg, den unsere Gesellschaft
hier zurückgelegt hat, erfahren wir bewusst, wenn etwa
der türkische Nachbar erzählt, dass seine Verwandten in
der Heimat die Braut für ihn ausgesucht haben. Wir mögen ihn – und uns – dann fragen: Wo bleibt die Liebe?
Und meinen damit unseren modernen, von der freien
Wahl des Lebenspartners geprägten Begriff. Für unsere
Großeltern hatte dieser Begriff auch noch einen anderen
Klang, das merkte ich während meiner Jahre als Pfarrer
in dem sehr ursprünglich gebliebenen Dorf Machtlfing,
von Andechs aus Richtung Feldafing gelegen. Wenn ich
bei meinen Gesprächen mit den älteren Dorfbewohnern, zu deren Jugendzeit diese Form der Lebenspart-
nerwahl noch durch andere Kriterien wie die Größe des
Hofes und Anzahl des Viehs im Stall bestimmt wurde,
nach der Liebe fragte, so antworteten sie oft, sie sei mit
der Zeit schon gewachsen. Das Wort Liebe hat hier eine
andere Bedeutung.

Was also meinen wir, wenn wir von Liebe sprechen?
Thomas von Aquin, der große Gelehrte des christlichen
Mittelalters und bestimmende Theologe bis ins 20. Jahrhundert herein, hat die Liebe mit dem Willen in Verbindung gebracht. Er nennt die Liebe sogar eine Tugend
des Willens. Für den deutschen Philosophen und Tho-
mas-Experten Josef Pieper bedeutet Liebe so viel wie
gutheißen. »Jemanden oder etwas lieben heißt: diesen
jemand oder dieses Etwas ›gut‹ nennen und, zu ihm

gewendet, sagen: Gut, dass es dich gibt; gut, dass du auf der Welt bist!« Diese Gutheißung ist eine Willensäußerung. Sie hat den Sinn: Ich will, dass es dich, dass es das gibt!

Für uns Heutige scheint diese Verbindung nur schwer nachvollziehbar zu sein, ist der Bereich des Willens doch eher gegen den Affekt, also das Gefühl der Liebe gerichtet. Wille hat nach unserem modernen Empfinden mehr mit Leistung, Anstrengen, Tun, Erfolg, Selbstverwirklichung zu tun. Mehr mit dem Ich als mit dem Du. Das Wollen vermittelt eher rationale Kühle als gefühlsmäßige Wärme. Der Wille scheint zuerst auf den eigenen Vorteil bedacht und nicht auf das Wohlergehen des anderen. Wir sprechen nicht von ungefähr von der Ego-Gesellschaft, die sich breitzumachen scheint, im Gegensatz zur Solidargemeinschaft der oft diskreditierten Sozialromantiker. Damit verbunden konstatiert man dann die soziale Kälte der modernen, von Wettbewerb und Ökonomie bestimmten Lebenseinstellung, versehen mit dem Etikett des Neoliberalismus.

Damit schließt sich der Kreis zum Ausgangspunkt unserer Überlegung, der Freiheit des Individuums. Sie zu verwirklichen und bis zu den Grenzen auszuloten, das scheint die Maxime unserer Zeit zu sein. »Das Prinzip Eigennutz«, so ein vielzitierter Buchtitel eines bekannten Verhaltensforschers, steht am Anfang der biologischen Entwicklung des Lebens hin zu sozialen Verbänden von Lebewesen, die gerade im Miteinander ihre Individualität schützen und bewahren.

# Liebe heißt, Sorge für sich und andere tragen

Betrachten wir zunächst den Begriff der Selbstverwirkli-
chung: Er bezeichnet die Erweiterung des Entfaltungs-
spielraums menschlicher Personen in Abgrenzung zur
Fremdbestimmung und gehört damit wesentlich zum
Prozess der Identitätsfindung in der Entwicklung des
Menschen zu einer reifen, erwachsenen Persönlichkeit.
Sah man in der vormodernen Zeit die Aufgabe des
Einzelnen im Nachahmen vorbildlicher Personen, im
Übernehmen von vorgegebenen Ordnungen und der
Erfüllung rollenspezifischer Pflichten, so gelten heute
vor allem Selbstannahme, Selbstwerdung in der Bildung
und Autonomie als Leitwerte moderner Gesellschaften. Aber besonders in Krisensituationen und Phasen,
in denen wichtige berufliche und private Weichenstel-
lungen vorgenommen werden, wird deutlich, dass der
Einzelne auf andere angewiesen ist, dass die Verwirklichung des eigenen Selbst durch eine Gemeinschaft gestützt ist. Gelangt man zu dieser Einsicht, wird jeder
Einzelne erkennen, dass er neben der Eigenverantwor-
tung verpflichtet ist, sich um die anderen und das Wohl
des Ganzen zu sorgen.

Bei dem großen deutschen Philosophen des 20. Jahrhunderts, Martin Heidegger, wird der Begriff der Sorge
zu einer der Grundbestimmungen des menschlichen
Daseins. In der Beziehung zur Umwelt ist für Heidegger
»das Dasein ein Besorgen«, in der Beziehung zu den
Mitmenschen ist es Fürsorge. Das Wort Fürsorge hat

heute einen etwas angestaubten *Hautgout* staatlicher
oder kirchlicher Sozialarbeit angenommen, auch wenn
im Zuge der Entwicklung des Sozialstaatsgedankens das
frühere Fürsorge-Wesen in Wohlfahrtspflege oder So-
zialhilfe umbenannt wurde. Die Fürsorge verlor damit
ihren Almosencharakter und wandelte sich in einen
Rechtsanspruch des Einzelnen, basierend auf Gerechtigkeit und nicht auf freiwilliger Barmherzigkeit.

Diese Akzentverschiebung in der Bedeutung des Be-
griffs Fürsorge macht gleichzeitig auch ein Problem unserer individualisierten Gesellschaft offenbar. Das Interesse am Leben des anderen nimmt ab. Immer wieder
schrecken uns Meldungen auf, dass einsam verstorbene
Menschen erst nach Wochen oder Monaten in ihren
Wohnungen aufgefunden werden. Offensichtlich wurden sie von den Menschen ihrer Umgebung nicht ver-
misst. Oder die zunehmende Unfähigkeit junger Eltern,
mit den Erziehungsproblemen schon bei Kleinkindern
fertig zu werden. Die in letzter Zeit vermehrten Meldungen über Misshandlungen von Babys und Kleinkindern nimmt die bestürzte Umgebung erst wahr, wenn
das Kind im wahrsten Sinn des Wortes schon in den
Brunnen gefallen ist. Alle Welt einschließlich der Sozial-
ämter wundert sich dann, wie es möglich war, diese
Missstände über lange Zeit hinweg nicht zu bemerken.
Die Sorge um andere, ohne sie in der Freiheit ihrer Lebensführung einzuengen, muss wieder zu einem ganz
neuen Postulat moderner Gesellschaften erhoben werden, gerade weil die familiären Bindungen und Fürsor-
gepflichten immer weniger zu greifen scheinen. Auch,

wenn es eine Gratwanderung sein wird zwischen der Sozialkontrolle früherer kleinräumiger Lebensgemeinschaften in Nachbarschaften, Dörfern, Milieus und der heute weitgehend beklagten Anonymität nicht nur in Großstädten.

Dass es Not tut, der Fürsorge wieder einen anderen Stellenwert zu geben, zeigt vor allem unser Umgang mit Alten, Kranken und Behinderten, gerade angesichts einer immer älter werdenden Bevölkerung auf der Nordhalbkugel unserer Erde. Das vierte der zehn Gebote machte das Kümmern um alt gewordene Eltern zur ethischen Pflicht der hebräischen Nomadengruppen. Von archaischen Gesellschaften kennen wir aber auch andere Formen der Altenpflege: Es gab und gibt durchaus die Gepflogenheit, alte und damit zur Last gewordene Angehörige einfach am Wegesrand oder auf Bergeshöhen auszusetzen, um die nachfolgenden Generationen unbelastet ihrer Wege ziehen zu lassen. Derartige Verhaltensweisen sind unserer vom Christentum geprägten abendländischen Kultur inzwischen fremd und verabscheuungswürdig geworden. Wie aber heute mit der Frage nach der Fürsorge umgehen, in einer Gesellschaft, die das selbstbestimmte Leben des Individuums so hoch schätzt?

Auch an der anderen Grenze des Lebens, im Bereich der Zeugung, Geburt und Erziehung des Nachwuchses gibt es weitere, mit der Entwicklung vom Wissen um das biologische Prinzip des Lebens auf uns zukommende Probleme der Sorge. Ganz neu sind die ethischen Fragen der Familienplanung nicht. Verhütung, Abtreibung und

Kindstötung waren schon immer Optionen der Geburtenkontrolle, wobei vor allem die letzten beiden durch das Christentum sanktioniert wurden. Neu sind jedoch die pharmazeutischen, medizinischen und genetischen Möglichkeiten in Gegenwart und Zukunft. Plötzlich erhebt sich wieder die Frage nach dem lebenswerten Leben, die mit dem Ende des Nationalsozialismus (wie übrigens auch die Frage der Euthanasie) erledigt schien. Wird durch den Vergleich der Erbsubstanzen bei Vater oder Mutter oder durch die vorgeburtliche Untersuchung eines Fötus eine schwere Behinderung festgestellt, wird die Frage aufgeworfen: Was ist mehr wert, das Leben des Kindes und seine »eingeschränkten« Chancen oder das unbeschwerte Zusammenleben einer glücklichen Familie?

Die Frage nach dem Glück des Menschen stellt sich in diesem Zusammenhang plötzlich ganz neu: Was ist Glück? Ist es das Schicksal (*fortuna*) des Menschen, das er annehmen muss, oder die Glückseligkeit (*vita beata*), die er durch sein sinnvolles und zielgerichtetes Tun gestalten soll?

In unserer säkularisierten Welt geht der Maßstab von einer heteronomen Ethik und Moral über zu einer autonomen. Nicht mehr Gott, sondern der Mensch ist das Maß aller Dinge, wie es schon einmal der Vorsokratiker Protagoras formuliert hatte. Sein eigenes Glück, die Suche nach seinem je eigenen Sinn, darin besteht die Sorge des modernen Menschen. Ich habe manches Mal meine Zweifel, ob die vielfachen Appelle von Weltführern in Religion und Politik zu einer Rückkehr zu den

»alten« Werten unsere autonom gewordenen Zeitgenossen überhaupt erreichen und ihnen gerecht werden.
Wir brauchen Übersetzungen der Werte in unsere von
neuen Erfahrungen geprägte technisierte Welt. Für den
Jesuiten Rupert Lay besteht in seiner »Ethik für Manager« die Grundlage des Handelns in der Liebe zum Leben, die sich in einem Dienst für das Leben ausdrückt.
Dieses Prinzip nennt er die Biophilie *(Freundschaft,
Liebe zum Leben)*. In seinem Buch formuliert Lay seinen
eigenen ethischen Imperativ, das Biophilie-Postulat:
»Handle stets so, dass du dein und fremdes personales
Leben eher mehrst, denn minderst!« In meinen Augen
ist dies eine der griffigsten Formulierungen dafür, wie
Liebe und Zuwendung sich in unserer heutigen Welt
manifestieren können: Leben mehren bei sich und anderen! Auch hier wird wieder die klassische Zuordnung
der Liebe zum Willen sichtbar. Ich muss Leben mehren
wollen! Dann wird mein Handeln sich als liebevoll erweisen.

## Die Formen der Liebe

Was aber ist mit dem großen Bereich des Gefühls, der
bei dem, was man landläufig Liebe nennt, doch mit-
schwingt? Die antike Mythologie stellte dafür die Gestalt
des Gottes Amor oder dessen griechisches Pendant Eros
zur Verfügung – ein archaischer Gott, Bild einer kosmo-
gonischen, das heißt weltschöpfenden Kraft. Zusammen
mit seinen Geschwistern Gaia *(Erde)*, Tartaros *(Unter-*

*welt)* und Erebos *(Finsternis)* ist auch Eros ein Kind des Chaos (urspr. *Leere, Durcheinander).* Gemeinsam mit Himeros *(Begierde)* begleitet er die Liebesgöttin Aphrodite. Wurde Eros ursprünglich als junger Athlet abgebildet, stellte man ihn später als hübsches Kind dar, als einen kleinen, geflügelten Bogenschützen, kapriziös und Unheil stiftend, der sich daran erfreut, seine Zauberkraft durch das Abschießen unsichtbarer Pfeile auf Götter und Menschen wirken zu lassen. Das Wort Eros wiederum wird in der philosophischen, aber auch psychoanalytischen Definition von Liebe als Bezeichnung für deren triebhaften, begehrenden, sexuellen, eben erotischen Aspekt verwendet. Es vereint sich also in dem Bereich der Liebe, die wir mit dem Eros bezeichnen, das Gefühlsmäßige, Affektive mit dem Triebgesteuerten und von sexueller Begierde geprägten.

Dies sind, wie jeder aus eigener Erfahrung weiß, zweierlei Dinge. Die »erste Liebe«, das sich zum ersten- oder wiederholten Mal Verlieben hat etwas Romantisches, Stilles, Leises an sich. Das Küssen und Kuscheln, Streicheln und Naheseinwollen, so sagen uns die Verhaltensforscher, geht auf die Liebe der Mutter zum Kind zurück, die sich in der non-verbalen Phase der ersten Lebensmonate nicht anders zeigen kann. Nur wenn dieses sorgende, wärmende und bergende Verhältnis von Mutter zum Kind positiv erfahren wird, wird sich beim jungen Menschen auch so etwas wie verantwortungsvolle Beziehungs- und Bindungsfähigkeit entwickeln können. Mit der Ausprägung des Sexualtriebs im Zuge der Pubertät kommt die natürliche Triebhaftigkeit der

Menschheit hinzu, die durch die Evolution auf Arterhaltung und damit auf den Geschlechtsakt getrimmt ist. Wie schon bei Tieren zu beobachten, kommt dabei etwas Rauschhaftes, fast Blindes, ja Gewalttätiges hinzu, das »Dionysische«, ein vom Gott des Rausches und der Ekstase, Dionysos, geprägter Begriff. Die antike Polymythie, also die Erklärung der beobachtbaren und nicht sofort einsichtigen Erscheinungen in der Welt durch vielerlei, sich oft auch widersprechende Mythen, bot Verstehenshilfen für das Widerstreitende im Gefühls- und Triebleben des Menschen. Das Christentum hat sich in seiner Ablösung der Antike durch den ihm eigenen Monomythos, der Lehre von dem einen Gott, der Schöpfer und Erlöser zugleich, also mit Liebe den Menschen zugetan ist, ein schon zweitausend Jahre währendes Herumplagen mit der menschlichen Sexualität aufgeladen. Das Prinzip war die Natürlichkeit, die im Schöpferplan Gottes festgelegt war, so, wie er sich nach dem Ausweis der Bibel und deren Interpretation durch die Theologie die Ordnung der Natur vorgestellt hatte. Bis zur Neuzeit war das Schema klar: Die einzige legitime Form sexueller Betätigung konnte nur in der Ehe zwischen Mann und Frau stattfinden. Alles andere war unnatürlich, entsprach nicht dem Schöpferplan Gottes und war damit Sünde, zu deren Vergebung die Kirche ihre Heilmittel, den Empfang der Sakramente, zur Verfügung stellte.

Die Moderne hat nun eine andere Auffassung von Natürlichkeit entwickelt: Alles, was in der Natur vorkommt, ist natürlich und damit grundsätzlich wertfrei.

Es ist ein Recht des autonom gewordenen Individuums, diese Natürlichkeit auszuleben. Dieses Recht findet seine Grenze im Recht der anderen auf ihre eigene Menschenwürde, Freiheit, körperliche und psychische Unversehrtheit. Innerhalb dieser Grenzen aber besteht die Freiheit der individuellen Selbstbestimmung. Das Wort Sünde hat seither ebenfalls einen anderen Klang. Es ist nichts Verabscheuungswürdiges und zu Meidendes mehr, sondern eher etwas leicht antiquiert Klingendes, Verruchtes und Anziehendes. Ein schönes Beispiel dafür bietet der Schlager von Zarah Leander: »Kann denn Liebe Sünde sein?« mit der Zeile: »… doch wenn sie es wär', dann wär's mir egal, lieber will ich sündigen mal.« Die sexuelle Revolution der Sechzigerjahre versuchte diesen sünde- und schuldlos gewordenen Bereich des menschlichen Lebens bis in alle dunklen Ecken und Winkel hinein auszuloten. Und die Kirche steht bis heute fassungslos vor einem Phänomen: In keinem anderen Bereich ihrer Verkündigung verweigern ihr sogar die eigenen Mitglieder die Gefolgschaft in dem Maße wie auf dem Gebiet der Sexualmoral.

Und dennoch: Trotz aller Aufklärung, und hier hat dieser Begriff eine eigene Färbung, ist der Umgang der Menschen mit ihrem Gefühl der Liebe im Zusammenhang mit der eigenen Sexualität nicht einfacher geworden. Das Dionysische bleibt, es lässt sich nicht durch den Appell an einen vernunftgemäßen Umgang eindämmen. Das belegen auch alle gängigen Studien über die Sexualität in unseren heutigen Gesellschaften, sei es bei Jugendlichen oder Erwachsenen. Man hat eher den Eindruck, dass die Permissivität der Moderne den Umgang mit der emotionalen Seite der Sexualität schwieriger gemacht hat. Das Unbehagen, über Gefühle im Sexuellen offen zu sprechen, ist konstant geblieben, wenn nicht sogar gewachsen. Die Sexualisierung der Öffentlichkeit hat den Leistungsdruck in den Schlafzimmern erhöht und damit die Freude an der gewonnenen Freiheit vermindert.

In allen Religionen und Kulturen gibt es Verhaltensmaßregeln für den Umgang mit dem Sexualtrieb. Das ist auch verständlich: Schließlich geht es nicht nur um die eigene Selbstverwirklichung, sondern auch um die wahrscheinlich engste und intimste Form der Beziehung zu anderen, die menschenmöglich ist. Liebe bedeutet in diesem Zusammenhang auch ein hohes Maß an Achtsamkeit für den anderen, den jeweiligen Partner. Nirgendwo sonst als im Bereich des Sexuellen ist der Mensch so verletzlich und empfindsam. Es darf nicht zum Ausnutzen des Sexualpartners kommen. Auch dessen Bedürfnisse und Gefühle müssen respektiert und geschützt werden. Mit der körperlichen Vereinigung geht jenseits aller zeugungsgerichteten Sexualität auch die Verantwortung und Sorge für meinen Partner einher. Sicher, es geht um die Zeugung und Erziehung von Nachwuchs und damit, modern gesprochen, um die Zukunft von Gesellschaft und Staat. Poetischer gesagt, geht es auch um das Geheimnis des Lebens. Als ich Krankenhausseelsorger in einer Münchener Frauen- und Geburtenklinik war, ist mir zum ersten Mal so richtig bewusst geworden, was für ein großes Wunder das Heranwachsen des Kindes im Schoß der Mutter und seine Geburt bedeutet; auf die Welt kommt ein voll entwicklungsfähiger Mensch, der angewiesen ist auf die liebende Fürsorge von anderen Menschen, im Idealfall seiner eigenen Eltern. Eine tiefe Ehrfurcht vor diesem Mysterium der Menschwerdung des Menschen hat mich seither nicht mehr losgelassen. Dass dies immer auch eine religiöse, spirituelle Dimension haben wird, dessen bin mir sicher, solange es denkende und fühlende Glieder der Menschheitsfamilie geben wird. Wie aber damit zeitgemäß umgehen? Die Kirche zeigt uns vielleicht gerade in ihrer ambivalenten Stellung innerhalb dieses verworrenen Geflechts von Einstellungen zu diesem zweifelsohne wichtigen Bereich unseres Lebens einen Weg auf. Auch wenn uns dies als modernen Menschen auf den ersten Blick nicht immer ersichtlich ist. Die Kirche hat etwas zu sagen, wird aber weithin nicht mehr gehört. Ihre Äußerungen werden vor allem in Form des erhobenen Zeigefingers wahrgenommen. Wir Menschen des freiheitlichen Individualismus hören vor allem das ständige »Nein« heraus. Wir sehen die Grenzziehung. Wir möchten aber, um mit dem Psalmisten zu sprechen, »ins Weite« geführt werden. Wir sind geprägt von der »Ergebnisoffenheit« des Projekts Leben. Um in dieser Offenheit zu überleben, sind wir zwar dankbar für Tipps und Hinweise, die aus einer jahrhundertelangen Erfahrung mit Menschen in allen Kulturen stammen. Diese müssen aber ihren Angebotscharakter bewahren. Sie müssen erweisen, dass sie der Freiheit des Menschen dienen und nicht seiner Einengung. Es muss der Eindruck verschwinden: alte, zölibatäre Männer wollen uns

die Freude vermiesen aus lauter Verbitterung, weil sie
selbst nicht durften, was sie als Menschen eigentlich
wollten und sollten. Stattdessen muss im Vordergrund
stehen, aus einer freudig gelebten Überzeugung den
Menschen dienen zu wollen. Dienen heißt aber: nicht
Herr sein, nicht herrschen wollen, nicht andere knech-
ten. Jesus sagt: Ich nenne euch nicht mehr Knechte, sondern Freunde. Mit anderen Worten: Die Kirche muss
den Menschen den Eindruck vermitteln, sie kommuni-
ziere auf Augenhöhe, nicht mit erhobenem Zeigefinger.

Genau das müssen wir bei der Erziehung zu einer
herzensgebildeten, reifen, vor dem eigenen Ich verant-
worteten Sexualität umsetzen. Nicht zuerst aufzählen,
was verboten ist, sondern erzählen, was alles dazugehört
und wozu es beitragen kann, um ein erfülltes, glückendes, in sich ruhendes Leben mit gelebter Sexualität zu
führen. Dazu sei ehrlicherweise gesagt: Leicht wird dies
nie sein. Es ist mit Mühe und Arbeit an der Reifung der
eigenen Person verbunden, einem Auseinandersetzen
mit der Vielgestaltigkeit des Phänomens der Liebe.

Die klassischen Modelle einer Theorie der Liebe benennen sie mit Begriffen, die aus der griechisch-lateinischen
Denk- und Sprachwelt stammen: dem *Sexus*, das heißt
der triebhaft sinnlich bestimmten Liebe, dem *Eros*, der
für die seelisch gefühlsmäßig bestimmte Liebe steht, der
*Agape*, für die nicht ein Begehren, sondern die Bejahung
des anderen in sich selbst charakteristisch ist. Dazu
ergänzend gibt es noch ein anderes zweigeteiltes Schema
für die Erscheinungsformen der Liebe: hier das Sexuell-

Erotische, als ein Begehren des als Objekt begriffenen Gegenübers, dort die *Philia* (Freundesliebe), die als eigene Form der fürsorgenden und wohlwollenden, auf Sympathie gegründeten Liebe vorgestellt wird.

Mit *Agape* und *Philia* wird wohl am ehesten die Erscheinungsform der Liebe beschrieben, die wir, christlich geprägt, als Nächstenliebe verstehen und die wir vielleicht am ehesten mit dem Verbum *mögen* verbinden würden. »Ich mag dich«, wird umgangssprachlich oft als Synonym für »ich liebe dich« verwendet. Es ist nicht so bedeutungsstark und wahrscheinlich auch nicht so belastet wie das schwerwiegendere und sicher auch oft missbrauchte Wort Liebe. Zu mir sagte einmal ein anderer Vortragender, der mit mir im Referentenzimmer auf seinen Auftritt wartete, ganz unverhofft: »Sie werden immer Erfolg haben, denn bei Ihnen spürt man: Sie mögen Menschen.« Das war und ist für mich eines der schönsten Komplimente, das mir je gemacht wurde. Und ich hoffe, dass ich den Menschen auch in Zukunft offen und mögend begegnen werde. Denn es stimmt ja wirklich: Wie man in den Wald hineinruft, so schallt es heraus. Nur wenn ich einen Sympathievorschuss zu geben bereit bin, wird auch mir mit Sympathie begegnet werden.

Mit dem griechischen Fremdwort *Sympathie* betreten wir ein weiteres Begriffsfeld im Umkreis der viel beschworenen Liebe. Eigentlich bedeutet es *Mitfühlen*. Ich verstehe nach- und mitfühlend das Verhalten eines anderen Menschen. Ich empfinde Zuneigung zur ganzen Persönlichkeit des anderen. Dieses Mitfühlen drückt sich aus im Mitfreuen und Mitleiden mit meinem Gegenüber. Im Buddhismus bildet das Mitleiden sogar eine eigene Kategorie, es wird zu einem der Wesensmerkmale der Ethik dieser Religion. In der Meditation der Achtsamkeit, auch dies ein buddhistischer Kernbegriff, wird die Welt zergliedert und analysiert. In den vier sogenannten Erhabenen Verweilungen hingegen verfährt der Meditierende zusammenfügend, synthetisierend. Er soll versuchen, die gesamte Welt mit vier wohlwollenden Geisteshaltungen zu durchdringen und zu erfüllen, und zwar mit Freundschaft, Mitleid, Mitfreude und Gleichmut. Diese Haltung soll auch gegenüber Feinden bewahrt werden und steht damit auf einer Stufe mit der Feindesliebe, die von Jesus in der Bergpredigt als die Nagelprobe der Nächstenliebe eingefordert wird. Diese Feindesliebe als Forderung kommt einem auf den ersten Blick nicht nur als heroische Haltung, sondern als eine sehr unrealistische und kaum zu praktizierende Handlungsanweisung vor. Es geht darum, auf den Feind, den Gegner zuzugehen, den ersten Schritt zu wagen. Vielleicht könnte man sie heute, pragmatisch auf den Boden der alltäglichen Erfahrungen gestellt, als Konfliktfähigkeit charakterisieren. Wenn wir unseren Gegner eher als gleichberechtigten Wettbewerber begreifen, sozusagen als Teilnehmer eines sportlichen Wettkampfs, in dem der Bessere siegen möge, können wir negative Emotionen überwinden. Denn zu einem derart apostrophierten Gegner muss ich kein Verhältnis der Feindschaft haben.

Feindschaft ist oft von einem starken Gefühl begleitet, dem Hass. Psychologen sagen uns, dass Hass eigentlich nichts anderes ist als ins Gegenteil umgeschlagene Liebe. Feindschaft kann aber auch aus Angst entstehen, und diese ist oft eine Folge von mangelndem oder missbrauchtem Vertrauen. Am deutlichsten wird dies heute beim Fremdenhass, der ganz im Gegenteil zur propagierten Welt des globalen Zusammenwachsens eher zuzunehmen scheint. Der Humanethologe Irenäus Eibl-Eibesfeldt erklärt diese Angst vor dem Fremden mit Beispielen aus seinen Forschungen an steinzeitlich geblieben Eingeborenengruppen in Südamerika und Afrika. In diesen Gesellschaften werden Fremde zunächst als mögliche Bedrohung angesehen. Um sich über die Absichten des Fremden ein Bild zu machen, wurden Rituale der Begrüßung und Annäherung entwickelt, vom Tanz mit den Waffen bis zur Überreichung eines Geschenks durch Kinder. Mich hat verblüfft, dass Eibl-Eibesfeldt aufzeigte, dass diese Rituale noch heute Bestand haben: Wenn etwa ein Staatsbesuch an einer militärischen Ehrenkompanie entlangschreitet und ihm davor oder danach durch ein kleines Kind ein Blumenstrauß überreicht wird. Das Signal ist klar: Aus Fremden sollen Freunde werden, zumindest Menschen, mit denen man auf Augenhöhe kommunizieren kann, ohne eine feindliche Handlung befürchten zu müssen.

Auch die griechisch-römische Antike kannte ganz genaue Regeln, wie mit Fremden umzugehen sei. Das Gastrecht war heilig, aber nur für drei Tage, danach musste der Fremde (das griechische Wort *xenos* bedeutet beides: Gast und Fremder) weiterziehen, wenn ihm nicht vonseiten der größeren dörflichen oder städti-

schen Gemeinschaft ein weitergehendes Aufenthalts-
recht gewährt wurde. Die *Xenophilie* war ein wichtiges
Thema der Ethik alter Gesellschaften. Im Sinne meines
obigen Übersetzungsvorschlags wäre dieses Wort mit
dem »*Mögen von Fremden*« wiederzugeben.

Für die Welt der Bibel gilt dies genauso. Das Gastrecht
war heilig! Gewährte Gastfreundschaft konnte sogar zur
Erfahrung Gottes führen, wie die berühmte Szene vom
Besuch der drei Männer bei Abraham zeigt, die in der
ebenso berühmten Ikone Rjublows mit den drei Engeln
dargestellt wird.

Überhaupt gibt es auch in der Bibel eine Entwicklung
des Gottesbildes vom Stammes- und Kriegsgott Jahwe
(dem »Herrn der Heere« – Sabaoth!) hin zum Gott der
Liebe und Zuwendung zu allen Menschen dieser Erde.
Dies geht so weit, dass der Verfasser der Johannesbriefe
im Neuen Testament Gott und die Liebe in eins setzen
kann. In unserer religiösen Sprache ist diese Tatsache
manchesmal in der Rede vom »lieben Gott« allzu weit
getrieben und damit verniedlicht und verharmlost worden.

## Liebe und Glaube

In meiner Kindheit wurde von den Eltern oder Religi-
onslehrern nachgefragt, ob man am Sonntag im Gottesdienst gewesen sei. Es gab zwei Indizien, an denen man
dies festmachen konnte. Erstens: Welche liturgische
Farbe hatte das Gewand des Pfarrers? Und zweitens:

Worüber hat er gepredigt? Die erste Frage konnte meist mit »grün« richtig beantwortet werden, die zweite Antwort traf immer zu: über die Liebe. Vom Christentum sagt man, es sei die Religion der Liebe, und zieht als Vergleichsgrößen die beiden anderen großen monotheistischen Religionen, das Judentum und den Islam, heran. Auf den ersten Blick scheint dieser Unterschied zuzutreffen. Wer unvoreingenommen das Alte Testament, also das Buch der Bibel liest, das die Christen fast gänzlich mit den Juden gemeinsam als den größeren Teil ihres Heiligen Buches bezeichnen, wird viel von Kämpfen, Schlachten und dem damit verbundenen Töten lesen, zum Teil ohne, zum Teil aber mit der Aufforderung Jahwes, des Gottes Israels. Ebenso im Koran, der Offenbarung des Propheten Mohammed, und in dessen Lebensbeschreibungen aus der Zeit der islamischen Eroberung des südlichen und östlichen Mittelmeerraumes. Er ruft ausdrücklich dazu auf, die Feinde des anfangs arg bedrängten Islam zu töten, wenngleich Gott in der Predigt Mohammeds häufig mit dem Prädikat »der Barmherzige, der Allerbarmer« verkündet wird. Mit dem Christentum und der Person seines Gründers verbinden wir hingegen, gut gestützt durch das Neue Testament, die Entwicklung des Gottesbildes hin zu einem Gott der Gewaltlosigkeit und der Liebe zu allen Menschen, nicht nur zu denen, die an ihn und seinen Sohn glauben. Wenn auch die christlichen Kirchen fast zweitausend Jahre gebraucht haben, um diese Ablehnung des Hasses einigermaßen glaubwürdig zu lehren und zu leben, vor allem gegenüber den Andersdenkenden in den eigenen Reihen, so war dieses Postulat der allumfassenden Liebe doch immer bewusst und wurde jeweils zum Ausgangspunkt von Reformbewegungen innerhalb der Konfessionen.

Für den französischen Anthropologen René Girard erweist sich der geschichtliche Auftrag des Christentums gerade in der Aufhebung des in der Menschheitsgeschichte zu beobachtenden Opfermechanismus: die Opfer der Schoah, die Opfer des Kapitalismus, die Opfer der sozialen Ungerechtigkeiten, der Kriege, der politischen Verfolgungen, des ökologischen Desasters, der Diskriminierungen aus rassischen, sexuellen und religiösen Gründen. Das Christentum ist für ihn der Abschluss einer Phase innerhalb der Entwicklungsgeschichte der Menschheit, die sie zum Kampf gegen die dem Menschen innewohnende Gewalt befähigt. Mit dem Christentum sei der Moment gekommen, in dem der Mensch sich von der Notwendigkeit befreit, Sündenböcke und ihre Opferung einzusetzen, um die Konflikte und Krisen der Gemeinschaft zu lösen. Und zwar dadurch, dass er sich der Schuldlosigkeit dieser Opfer und der Willkür ihrer Schuldbelastung bewusst wird.

Mit René Girard in stetem Austausch und Diskussion steht der Turiner Gelehrte und ehemalige Europaabgeordnete der Linken, Gianni Vattimo. Für ihn besteht die Wiederkehr des Glaubens in einer säkularisierten Gesellschaft jenseits kirchlicher Strukturen in der Konzentration auf die beiden Kernaussagen des Christentums: auf die *kenosis*, das heißt die Entäußerung Gottes in der Gestalt des Menschen Jesus von Nazareth, sichtbar in dessen Leben und Sterben, und auf sein Gebot der *caritas*, der Gottes-, Nächsten- und Selbstliebe. In der Bergpredigt des Matthäusevangeliums wird dies auf das Hauptgebot der Liebe reduziert: »Liebe Gott über alles und deinen Nächsten wie dich selbst.« Und noch einmal reduziert heißt es in der Interpretation des heiligen Augustinus: »*Dilige et quod vis, fac!*« (Liebe, und was du dann tun willst, das tu!). Diesen Maximen folgend, wird die Liebe für Vattimo zum einzigen höchsten Kriterium, auf das das gesamte Neue Testament hinführt. Unüberbietbar zum Ausdruck gebracht wird dies in der berühmten Formel aus dem ersten Johannesbrief, einer zutiefst spirituellen Spätschrift des Neuen Testaments: »Gott ist die Liebe.« Man soll diesen Satz auch umgekehrt lesen: Überall wo Liebe ist, da ist auch Gott. Oder, wie einer meiner geistigen Mentoren, der frühere Hörfunkdirektor des Bayerischen Rundfunks, Josef Othmar Zöller, es einmal ausgedrückt hat: »Alles, was aus Liebe geschieht, kann keine Sünde sein.« Darin sieht man die Kraft der Liebe: Sie sprengt auch alle Maßstäbe einer engen, kasualistischen Moral, die für jeden möglichen Einzelfall die Übereinstimmung mit dem Willen Gottes festlegen und die Menschen tariflich gestaffelt dafür büßen lassen will.

Mich hat in den letzten Jahren beim Betrachten der Kirchengeschichte immer wieder die Frage bewegt, was war es denn, das dem jungen Christentum in der völlig fremden Welt des multikulturellen Imperium Romanum diesen ungeheuren Erfolg beschert hat? Man muss sich das einmal vorstellen: Innerhalb von dreihundert Jahren zwingt diese kleine religiöse Splittergruppe vom äußersten Rand des Reiches deren Machthaber Kaiser Konstantin zu einem Umschwenken in der bisherigen Regierungspolitik hin zu der Erlaubnis, ihren Kult als *religio licita* (erlaubte Religion) auszuüben! »Seht, wie sie einander lieben«, so staunte die heidnische Umgebung über die vielfach gelebte und erwiesene Zusammengehörigkeit der Christen in ihrer Gemeinde. Es war das – modern gesprochen – authentisch gelebte Marketingkonzept, das eine derart enorme Anziehungskraft ausübte.

Oft wird mit der Nächstenliebe die Forderung eines radikalen Altruismus verbunden, das heißt der Liebe zum anderen, die im Extremfall bis zur Aufgabe des eigenen Lebens zu gehen bereit ist. Wir kennen diesen Altruismus von Berichten über die Mutterliebe, die bis zum Einsatz des eigenen Lebens das Leben des Kindes schützen und bewahren will. Das bekannteste Beispiel ist der Tod Jesu am Kreuz, der ihn ja selbst vorausdeutet: »Es gibt keine größere Liebe, als wenn einer sein Leben für seine Freunde hingibt.« Es wird niemand leugnen, dass dies eine heroische Forderung ist, die wohl nur wenige Menschen zu erfüllen vermögen. Hier ist sicher eine ausgewogene Balance zwischen einem hochgemuten Altruismus und einer Portion gesundem Egoismus die häufiger zu beobachtende Variante. Dennoch glaube ich, sind derartige Beispiele durchaus immer wieder nötig, um die Minimalforderung der Liebe als Grundvoraussetzung eines glücklichen Miteinanders nicht nur in der engen Partnerbeziehung, sondern auch in Familie, Beruf, Freizeit und vielen anderen Gelegenheiten des sozialen Lebens immer wieder ins Gedächtnis zu rufen und im Herzen zu verankern.

Eine Ausformung ist sicher auch eine gewisse Fehlertoleranz und die Bereitschaft zum Verzeihen. Nichts ist schlimmer als das ständige Vorhalten und Nachtragen von einmal gemachten Fehltritten. Ein gutes Stück Barmherzigkeit gerade mit den Schwachen und deren Schwächen – und sind wir das nicht alle? – zeichnet einen Menschen mit Herzensbildung aus. Damit ist keine Standpunktlosigkeit gemeint, sie wäre eher ein Zeichen von Feigheit und fehlendem Rückgrat. Es geht vielmehr darum, durch das Vergeben eines benannten und eingesehenen Fehlers eine *correctio fraterna* (geschwisterliche Zurechtweisung), wie es in der Sprache des christlichen Gemeinschaftslebens heißt, auszuüben. Sie ist von einem grundsätzlichen Wohlwollen und einer Liebe zum fehlenden Nächsten gekennzeichnet.

Eine Form des gemäßigten Altruismus ist mit dem Wort Solidarität verbunden.

Es wurde zu einem Kampfbegriff der sozialistischen Bewegung im 19. und 20. Jahrhundert, mit ihm verbindet sich heute noch ein Kernanliegen der Gewerkschaften: Nur durch gemeinsames Handeln und Verhandeln können die »Lohnabhängigen« gegenüber den Arbeitgebern ihre Stärke demonstrieren. Das bedeutet, dass der Einzelne zugunsten der größeren Solidargemeinschaft auf den eigenen »kleinen« Vorteil verzichtet und sein Anliegen in die gemeinsame Verhandlungsfront ein- und ihr unterordnet. Eine große Karriere machte dieser

Begriff noch einmal am Ende des kommunistischen Machtblocks, als sich die polnische unabhängige Gewerkschaft unter Lech Walesa den Namen *Solidarnosc*, Solidarität, gab. Befreit von dieser politischen Bedeutung ist Solidarität aber auch ein schöner Begriff für die generelle Haltung der Mitglieder einer Gemeinschaft oder Gruppe, in der Form des Eintretens des Einzelnen für seine Gruppe und der Gruppe für jedes seiner Mitglieder. Es geht auch um eine Balance zwischen den Ansprüchen des Einzelnen und den Erfordernissen der größeren Gemeinschaft. Der Ausgleich der Interessen sollte dabei, um mit einem Wort der katholischen Morallehre zu sprechen, in »Billigkeit und Liebe« geschehen, die in grundsätzlichem gegenseitigen Vertrauen und Sympathie besteht.

Neben der Freiheit als dem Paradigma der Moderne, hinter das nicht mehr zurückgeschritten werden kann, scheint mir die Liebe als eine grundsätzliche Haltung des Miteinanders zu dem Constitutivum der Herzensbildung unserer Tage zu gehören. Nur beide zusammen machen einen Menschen menschlich: die Ich-Bezogenheit, die in der persönlichen Freiheit und der Möglichkeit, sich zu entfalten und verwirklichen, erfahren wird, und die Hinwendung zum anderen, zum konkreten Menschen, mit dem ich zu tun habe, oder wie es in der Bibel heißt, zum Nächsten, beides sind die Lungenflügel, mit denen der Mensch unserer Tage erst als Ganzer in dieser Welt zu atmen und damit sinnvoll zu leben vermag. Noch nie in der Geschichte hatten wir hier in Europa eine derart langandauernde Zeit des Friedens. Bis ins letzte Jahrhundert hinein war der Normalzustand der Krieg, und Friede war die Ausnahme davon. Ich glaube, gerade die Einsicht, dass ein von Akzeptieren und Annehmen des anderen das Verhältnis von Menschen prägt, hat diese Zeit des Wohlstands und der Zufriedenheit erst ermöglicht.

# DEMUT

## für die
## Dominanzgesellschaft

*Nur der Liebende ist mutig, nur der Genügsame*
*ist großzügig, nur der Demütige ist fähig, zu herrschen.*
LAOTSE

*Ich habe drei Schätze, die ich hüte und hege.*
*Der eine ist die Liebe, der zweite ist die Genügsamkeit,*
*der dritte ist die Demut.*
LAOTSE, DAO-DE-DSCHING, KAPITEL 67

*I*n einer Zeit, da vor allem Selbstverwirklichung im Zentrum unseres Strebens steht und kräftige Ellenbogen bei der Umsetzung gefragt sind, die Demut als einen Teil der Herzensbildung zu betrachten, scheint ein Anachronismus zu sein. Haben wir doch verinnerlicht, dass es vor allem auf Ich-Stärke, Durchsetzungsvermögen, Selbstwertgefühl, kurz auf *leadership* ankommt, um es zu etwas zu bringen, seine Ziele zu verwirklichen und andere zu motivieren. Ich-Stärke, also ein gesunder Egoismus, ist aber kein Widerspruch zur Tugend der Demut. Nur wenn wir unter Demut ihr Zerrbild verstehen, das erst in der christlichen nachbiblischen Praxis und hier vor allem in der Ordensideologie propagiert wurde, gehen wir fehl.

Als ich noch Novize war und zum ersten Mal die Regel des heiligen Benedikt von Nursia bewusst studierte, stellte ich fest, dass das siebte und längste Kapitel ausschließlich von der Demut handelt. Mir als Kind der aufgeklärten Moderne und kurz nach 1968, dem Jahr der westeuropäischen Kulturrevolution, stellten sich die Nackenhaare auf. Vor meinem inneren Auge sah ich die Ordensschwestern aus meiner Zeit im katholischen Kindergarten. Ihr Verhalten, auch wenn es sich in der Erinnerung vielleicht etwas verschärfte, war mir als typisch »demütig« im Gedächtnis. Sie durften nur zu zweit aus dem Haus gehen, wurden oft unsicher, wenn man sie ansprach, und mussten in allem ihrer Oberin gehorchen und auf ihren eigenen Willen verzichten. Dieser »Eigenwille«, der abzulegen sei, die *propria voluntas*, spielt auch in der Benediktsregel eine große Rolle. Dass man *propria voluntas* aber richtigerweise mit »Eigensinnigkeit« übersetzen sollte, ging mir erst später auf, als ich mich ganz bewusst mit den positiven Aspekten dieser typisch christlichen Tugend der Demut beschäftigte.

Gerade im Nachdenken über den Erfolg, den das Benediktinertum als ältester Orden der westlichen Kirche aufweisen kann, kam ich ins Grübeln. Welche Werte waren und sind es denn, die einer Organisationsform aus dem Frühmittelalter eine Erfolgsstory von über 1500 Jahren Dauer zu bescheren vermochten? Neben der Flexibilität, bei aller Betonung der Beständigkeit, müssen es noch andere Erfolgsfaktoren gewesen sein! Wenn für Benedikt die Demut (schon allein durch die Quantität der Ausführungen darüber) als das Zentralelement innerhalb einer funktionierenden klösterlichen Gemeinschaft gilt, muss sie doch auch zu anderen Zeiten und in einem anderen Umfeld ein Moment der Erfolgsorientierung bilden können. Das waren meine Gedanken, und so machte ich mich auf, diesen für unsere modernen Augen schillernden Begriff »rettend zu übersetzen« (Jürgen Habermas).

## Demut heißt
## dienen wollen

Das lateinische Wort für Demut, das in der christlichen Mönchsliteratur verwendet wird, ist *humilitas*. Das Adjektiv *humilis* bedeutet ganz ursprünglich »zum Boden geneigt«. Boden, Erde, *humus* – das ist das Fundament, auf dem die Bedeutung des Wortes steht. Ich erlaube mir deshalb, aus dem Begriff Demut so etwas wie Bodenhaftung herauszuhören, Erdverbundenheit und, in einem ganz übertragenen Sinn: Basisorientierung. Das heißt, ich muss die Wurzeln kennen, durch die ich mit dem Boden verbunden bin, auf dem ich stehe. Ich darf mein Herkommen nicht vergessen. Hinzu kommt eine gute Portion realistischer Selbsteinschätzung. Nicht mit dem Kopf in den Wolken der Selbstbeweihräucherung schweben. Selbsterkenntnis ist gefordert. Und diese Selbsterkenntnis meint eben nicht, nur schlecht oder abwertend von sich zu denken (das hat man früher mit dem Wort Demut verbunden), sondern sich ehrlich und aufrichtig mit all seinen Sonnen- und Schattenseiten zu erkennen und anzunehmen. Die blinden Flecken gehören genauso dazu wie die glänzenden Stellen des eigenen Spiegelbildes.

Das Gegenteil von Demut ist der Hochmut. Ein hochmütiger Mensch ist jemand, der auf andere mit Geringschätzung herabschaut. In einem weiter gefassten Sinn würde hochmütig auch bedeuten, die Bodenhaftung verloren zu haben. Die eigene Person wird dann hoffnungslos überschätzt. Der Stolz als grundsätzliche Haltung im Umgang mit anderen Menschen ist ein Begleiter des Hochmuts, nicht der berechtigte Stolz darauf, etwas gut gemacht zu haben oder etwa stolz zu sein auf die eigenen Kinder, den Ehepartner. Sondern jener Stolz, der zu einem unwahrhaftigen Umgang mit der eigenen Wirklichkeit verführt. Als Grundhaltung führt er zu Prahlerei und Aufgeblasenheit, ist deshalb verbunden mit Unbesonnenheit, ja Unverstand.

Stolz, Hochmut und mangelnde Demut im Sinne des Verlusts von Bodenhaftung – diese Begriffe vernimmt man in letzter Zeit vermehrt im Zusammenhang mit dem Verhalten verschiedener Vorstände großer Aktiengesellschaften. Dabei geht es vorrangig gar nicht um deren Gehälter; wer vermag schon einen objektiven Maßstab für die Leistung eines Menschen anzugeben, der für den Arbeitsplatz von Zigtausend anderen und *nolens volens* damit für das Wohlergehen von deren Familien verantwortlich ist? Nein, es geht eher darum, dass manche Bosse Gefahr laufen, den Bezug zu anderen Teilen ihres Unternehmens und der Gesellschaft allgemein zu verlieren. Es scheint diesen Führungskräften der Wirtschaft völlig unverständlich zu sein, dass unsere

Gesellschaft sehr sensibel darauf reagiert, wenn man das Erreichen von 25 oder 30 Prozent Umsatzrendite zeitgleich mit dem Abbau von einigen Tausend Arbeitsplätzen als Erfolg verkündet. Hier ist einfach die Bodenhaftung, das Gefühl dafür, was die Menschen an der Basis bewegt, abhanden gekommen. Das mag auch daran liegen, dass die Bosse sich nur noch unter ihresgleichen bewegen. Dort herrschen andere Maßstäbe, der Bezug zu den Wurzeln des eigenen Mensch- und Bürgerseins schwindet, die Wolke, auf der man schwebt, hebt ab, und dann wundert man sich, wenn der Sturm der öffentlichen Entrüstung über einen hereinbricht. Liegt denn nicht genau darin die Chance der Krise, in der sich die globale Wirtschaft und damit die Menschheit insgesamt befindet? Demut ist ja nicht nur ein christlicher Begriff, der nur in unserem Kulturkreis eine Bedeutung hatte und noch oder wieder hat. Dieses Wiederfinden der Bodenhaftung, das auch die Besinnung auf langsames Wachstum und nachhaltigen Erfolg mit sich bringen könnte, täte uns allen – nicht nur den »Bossen« dort oben – ganz gut!

An diesem Beispiel kann man übrigens nicht nur gut ablesen, was passiert, wenn man die Bodenhaftung verliert. Sondern auch, wie schwierig es eigentlich ist, Demut als Haltung von anderen einzufordern. Wer dies tut, »outet« sich leicht als überheblicher Moralist. Demut muss vor allem selbst gelebt, in Führungspositionen bewusst vorgelebt werden, nur dann kann man andere anleiten, ebenfalls demütig zu sein. Eine Anekdote aus dem Klosterleben mag dies verdeutlichen: In ein Bene-

diktinerkloster im Münsterland kam eines Tages ein
junger Mann, der sich für den Eintritt in die Gemeinschaft anmelden wollte. Beim ersten Gespräch mit dem
Abt fragte ihn dieser nach seinen Beweggründen für den
Klostereintritt. Der Interessent antwortete weitschwei-
fig, indem er seine Erfahrungen im religiösen und spirituellen Leben beschrieb. Schließlich kam er auch auf die
Tugend der Demut zu sprechen und bemerkte, darin sei
er schon besonders weit fortgeschritten. Darauf entgegnete der Abt: »Das freut mich für Sie. Wir hier bemühen
uns alle noch darum. Deshalb sind wir wohl nicht die
geeignete Gemeinschaft für Sie.« Und wies ihn ab.

Wenn wir uns das deutsche Wort Demut ansehen,
erschließt sich uns eine weitere Bedeutungsebene. Es
stammt vom althochdeutschen *dien-muot* ab und meint
ursprünglich den Willen zu dienen. Das Wort dienen
hatte damals noch nicht den heutigen, eher klein ma-
chenden Beigeschmack. Der Dienende stand nicht auf
der untersten Stufe der sozialen Leiter, sondern war
einer, der einen ehrenvollen und wichtigen Dienst tat.
Der jeweilige englische Thronfolger etwa führt seit dem
Mittelalter den Titel des Prince of Wales, sein Wappen
ziert ein Spruch mit altdeutschem Klang: »Ich dien«.
Nun mag man einwerfen: Sicher, er dient der Königin –
aber doch auch seinen Untertanen. Das heißt, dienen
wollen ist eine notwendige Einstellung, wenn man eine
Führungsaufgabe ausfüllen will.

Eine weitere Beobachtung aus dem zeitgenössischen
Politik- und Medienbetrieb verdeutlicht dies. Als es nach

der letzten Bundestagswahl 2005 feststand, dass Angela
Merkel die Geschicke der Bundesrepublik Deutschland
für die kommende Legislaturperiode lenken würde,
titelte die BILD-Zeitung in großen Lettern ihre Absicht:
»Ich will Deutschland dienen.« Wer oben steht, muss
dienen wollen, soll uns das vermitteln. Es ist schon eine
geraume Zeit her, die Erinnerung verblasst, aber der
Prozess, der nach Angela Merkels Wahl in Gang kam,
wird wohl bei allen etwas schwierigeren Regierungsbil-
dungen ablaufen: Bei den nachfolgenden Koalitionsver-
handlungen wurde nämlich als Erstes nicht das Regie-
rungsprogramm erarbeitet, sondern die Ministerliste
veröffentlicht. Nun, das lateinische Wort *minister* hat die
Bedeutung »Diener«. Wie für die Kanzlerin gilt also für
ihre Regierungsmitglieder: Sie sollen (und wollen) dem
Land und seinen Bürgern dienen.

Das Gegenteil von dienen wollen ist Herr sein, herrschen wollen. Benedikt von Nursia verlangt von der
Führungskraft in seinem Kloster, dem Abt, den er ansonsten auf ein hohes Podest stellt, sogar als zweiten
Christus ansieht, er müsse *prodesse magis quam praeesse*,
also mehr vorsehen statt vorstehen, eher dienen als herrschen. Und ist denn nicht auch Jesus ein Beispiel für
diese Einstellung? Schon in den Evangelien der Bibel
wird er als einer gekennzeichnet, der zwar mit Voll-
macht spricht, aber dennoch sagt: »Ich bin nicht gekommen, um mich bedienen zu lassen, sondern um zu dienen.« Von den Christen wird sein Lehren, Leben, Leiden
und Sterben denn auch als Dienst an den Menschen verstanden. Er will, »dass sie das Leben haben, und es in

Fülle haben«. Es ist also eine Gesinnung des Dienens, die er von seinen Jüngern einfordert, so wie er sie vorgelebt hat.

Es ist in diesem Kontext verständlich, dass die Kirchenväter die Demut als eine typisch christliche Tugend betrachten, die es in der antiken Ethik in dieser ausgeprägten, beispielhaften Form nicht gab. Dort waren es vor allem die Tüchtigkeit, die *virtus* der Römer und die *arete* der Griechen, eher das Draufgängertum eines Herakles und Achill, die den Ton angaben. Und doch hat man den Eindruck, dass sich gerade die Kirche besonders schwer tut, als eine Gemeinschaft von sich gegenseitig Dienenden zu agieren – auch wenn der Papst als Oberster Hirte den Ehrentitel *Servus Servorum Dei* (Diener der Diener Gottes) trägt. Hier gilt wie in anderen Institutionen der Grundsatz, jeder möchte dienen, aber möglichst an oberster Stelle. Mit dem Wort Dienstleistung (im Sinne des Leistens eines Dienstes an anderen) haben leider immer diejenigen ihre Probleme, die es sich eigentlich auf die Fahne schreiben müssten – und das sind alle, die andere Menschen führen und leiten.

Gerade Kirchendiener (vom Bischof bis zum Mesner) sind nicht frei von der ständigen Versuchung, Herren über den Glauben ihrer »Schäfchen« sein zu wollen, wie schon in einem Brief des Neuen Testaments befürchtet. Ist denn vielleicht nicht gerade auch hier ein Grund zu suchen für die beobachtbare Abstimmung mit den Füßen, die nicht mehr zum Halten zu bringende Flucht aus den Kirchen? Weil man sie eben allzu sehr als eine auf ihren jahrhundertealten Herrschaftsanspruch pochende, gesellschaftlich arrivierte und staatlich anerkannte unter den vielen auf Machterhaltung ausgerichteten Interessensgruppierungen wahrnimmt. Dabei könnte gerade die Kirche ein Beispiel geben, eines, das sie übrigens von ihrem Gründer mitbekommen hat: Überzeugen durch die Ohnmacht des Kreuzes, sich ganz in den Dienst an den Menschen und ihren spirituellen und nach Lebensdeutung und Sinnstiftung hungernden Bedürfnissen stellen. Sie könnte sich wie keine andere Institution befreien aus dem Zwang, herrschen zu müssen, denn in ihrem Schatz an Weisheit bewahrt sie auch das »Rezept« zur Demut.

Wird diese Tugend auch vergehen, wie das Christentum zu vergehen scheint in unserer westlichen, europäisch geprägten Welt? Ich glaube es nicht, denn Demut ist gerade ein Kennzeichen von Herzensbildung gegenüber all den macht- und herrschaftsbesessenen, von ökonomischer oder politischer Kälte geprägten Machbarkeitsideologien, die nichts anderes können, als andere Menschen vor ihren Karren zu spannen. Demut heißt ganz konkret: Ich muss als Einzelner, auch als einzelne Führungskraft, zurückstehen können gegenüber anderen. Ich muss bereit sein, ihnen, den einzelnen Menschen, dem einzelnen Mitarbeiter, dem einzelnen Gläubigen, Partner, Kind, Bruder und Nächsten zu dienen, und ihm dort, wo er besser ist als ich, den gebührenden Vortritt gewähren, ihn eventuell sogar an mir vorbeiziehen lassen. Eine gute Führungskraft dient beidem, sowohl dem gemeinsamen Ziel als auch dem Einzelnen selbst. Das

gemeinsame Ziel wird dann am besten und vielleicht
auch am schnellsten erreicht, wenn alle Beteiligten ihre
Talente entfalten dürfen. Dienen heißt hier, dem Besse-
ren zum Durchbruch verhelfen, den Erfolg demjenigen
gönnen, der die zündenden Ideen und die innovativen
Vorschläge zu deren Verwirklichung eingebracht hat.
Doch vielfach dominiert das Prinzip des Herrschens
unser Miteinander: Nur ich darf die guten Ideen haben,
nur mir ist der Erfolg zu verdanken, nur mich darf man
mit Lob bedenken.

Um dieses Prinzip zu durchbrechen, ist ein Element
der Demut von großer Wichtigkeit, das Benedikt wie kein
anderer vor ihm als Voraussetzung zur Berufung in eine
Führungsposition erkannt hat: die Gabe der Unterscheidung. Was ist damit gemeint? Der lateinische Ausdruck
dafür lautet *discretio* und kommt vom Verbum *discer-
nere*, unterscheiden. Unser Fremdwort Diskretion leitet
sich davon ab, ist aber mit der Bedeutung Fingerspitzengefühl, Zurückhaltung eher zu schwach in seiner Aussage. Am ehesten wäre noch das »Einfühlungsvermögen«
geeignet, an die ursprüngliche Bedeutung der »Mutter
aller Tugenden«, wie sie in der Mönchsliteratur bezeichnet wird, heranzukommen. Wer andere zu führen und
anzuleiten hat, muss dem Einzelnen und der Gruppe gegenüber weise Rücksichtnahme walten lassen. Er muss
die »Schwachen« von den »Starken« unterscheiden können, die einen fördern und die anderen fordern. Um dies
umsetzen zu können, muss ich als Führender um die Talente und Potenziale, aber auch um die Schwachstellen
und Fehler meiner Mitarbeiter wissen. Nur dann kann

ich sie mit dem nötigen Einfühlungsvermögen führen. Ich kann die Menschen in ihrer Unterschiedlichkeit wahrnehmen und diese zulassen. Ich darf die Menschen nicht über einen Kamm scheren, sondern muss versuchen, einem jeden Einzelnen gerecht zu werden.

Hier begegnet uns die antike, ursprüngliche Auffassung von Gerechtigkeit. Unser moderner Gerechtigkeitsbegriff ist von der Entwicklung zur Massengesellschaft geprägt und trägt auch in der Philosophie und Soziologie das Charakteristikum »Tarifgerechtigkeit«. Je größer die Menge der Menschen ist, denen ich Gerechtigkeit widerfahren lassen muss, desto mehr scheint das Wohlfahrtsprinzip eines Jeremy Bentham oder Adam Smith das richtige Rezept zu sein, um »das größtmögliche Glück für die größtmögliche Zahl« zu erreichen. Dies geschieht durch die größtmögliche Gleichbehandlung aller mir Anvertrauten. »Allen das Gleiche« ist das Prinzip dieser Gerechtigkeitsauffassung. Die klassische Definition von Gerechtigkeit lautet jedoch: »Jedem das Seine.« Dieser Gedanke des *suum cuique* ist von frühester Zeit an über Platon, Aristoteles, Cicero, Augustinus und das römische Recht zum Gemeingut der abendländischen Überlieferung geworden. Der Wortbedeutung nach wird einem Menschen also von seinen Mitmenschen und von der Gemeinschaft das Seine geschuldet. Dieses »Seine« ist aber nicht nur das ihm Zustehende an äußeren Gütern, sondern im gemeinschaftlichen Miteinander vor allem eine seinen Anlagen gemäße Förderung. Hier verbinden sich die Tugenden des Dienenwollens und des Unterscheidens.

Nach der Regel des heiligen Benedikt muss ein Abt *multorum moribus servire*, das heißt, er muss der Eigenart vieler dienen. Dass das für Führungskräfte jeder Art gilt, mag ein prägendes Erlebnis aus der Anfangszeit meiner eigenen Karriere belegen. Als ich 1986 die Aufgabe des Klostercellerars, also des wirtschaftlichen Leiters übernahm, hatte ich zwar ein Philosophie- und Theologiestudium absolviert und fünf Jahre Praxiserfahrung in der Pfarrseelsorge gesammelt – doch als »Beleg« für meine eventuelle Befähigung zu dieser Tätigkeit hatte ich nur meine Herkunft aus dem Gastronomiebetrieb meiner Eltern vorzuweisen. Einige Zeit nach meinem Amtsantritt überreichte mir damals der kurz vor der Pensionierung stehende Brauereidirektor des Klosters eine Mappe. In der fand ich Unterlagen über eine Fortbildung für Führungskräfte. Das Institut bot einen übers Jahr verteilten vierwöchigen Kurs für Seiteneinsteiger an. Ich meldete mich an und fand mich unter einem guten Dutzend jüngerer und älterer Teilnehmer, die ähnlich wie ich ins kalte Wasser gesprungen waren: Einer sollte ganz plötzlich wegen eines Todesfalls das Bauunternehmen seines Vaters übernehmen, eine sehr vornehm und distinguiert wirkende Dame stand vor dem Problem, dass ihr Mann schwer krank geworden war und sie in das Management eines großen Chemiekonzerns einsteigen musste. An einem der Abende im Kellerstüberl des Fortbildungshauses nahm mich einer der Direktoren des Seminarbetriebs auf die Seite und verriet mir eher nebenbei den besten Managementtipp, den ich je gehört habe: »Pater Anselm, es ist gar nicht so schlecht, dass Sie keine Fachkompetenz in allen Feldern Ihres Unternehmens haben. Dadurch kommen Sie von vorneherein nicht in Versuchung, immer und überall besser sein zu wollen als Ihre leitenden Mitarbeiter. So verhindern Sie nicht den Erfolg Ihres Unternehmens, nur weil Sie den Erfolg Ihrer Mitarbeiter nicht zulassen können. Merken Sie sich das eine: Management by *hielassn*!« »Hielassn« heißt auf gut Bayrisch: an die Arbeit ranlassen. Erst mit der Zeit wurde mir bewusst, dass dies eine der schönsten und griffigsten Formulierungen für gelingendes Dienenwollen und Unterscheiden darstellt. Häufige Fehler im Alltag eines Managers, aber auch in jeder anderen Führungsposition bestehen doch darin, dass man glaubt, als »Alpha-Tier« müsse jeder Erfolg auf einen selbst zurückzuführen sein. Die anderen müssen sich wegen jeder noch so geringfügigen Kleinigkeit an den Manager wenden und sich ihm gegenüber immer als Untergebene empfinden.

Andererseits gelten in unserer bundesrepublikanischen Wirtschaftsgesellschaft gerade die Arbeitskräfte als teuerster Faktor im unternehmerischen Geschehen. Wenn sie das Teuerste sind, müssten sie aber doch auch als das Wertvollste unter allen ökonomischen Faktoren gelten. Das zu erkennen und danach zu leben, das ist die Kunst des Dienens. Denn gelebte Demut drückt sich vor allem in der Wertschätzung den Menschen gegenüber aus. Und diese Wertschätzung ist eine Form der Liebe. Das Wort *caritas*, in der christlichen Tradition für Liebe verwendet, kommt vom Adjektiv *carus* (lieb, wert, teuer). Liebe ist konkret wohlwollende Zuwendung, also Anerkennung der Werte, Talente und Potenziale, die in einem anderen schlummern, verbunden mit der eigenen Größe, den anderen dort, wo er es ist, größer als sich selbst sein zu lassen. Johannes der Täufer sagt von seinem Anhänger Jesus von Nazareth: »*Illum opportet crescere, me autem minui*« – jener muss wachsen, ich aber abnehmen. Jesus selbst bezeichnet seinen »Vorläufer« als den Größten, der je von einer Frau geboren wurde. Wir sehen: Demut macht nicht klein, sondern wahrhaft groß!

Eine Fehlinterpretation von Demut als einer Haltung, die sich alles gefallen lassen sollte, ist übrigens ebenfalls mit einem Bibelwort verbunden. In der Bergpredigt beim Evangelisten Matthäus sagt Jesus über die Vergeltungssucht der Menschen: »Leistet dem, der euch etwas Böses antut, keinen Widerstand, sondern wenn dich einer auf die rechte Wange schlägt, dann halte ihm auch die andere hin!« Während des Kommunikationstrainings für Mitarbeitergespräche wurde mir erst bewusst, was er damit meinte. Es geht eigentlich um eine Deeskalationsstrategie bei heftigen und emotional sehr aufgeladenen Konflikten und nicht darum, sich einfach alles gefallen zu lassen. Thomas Gordon hat in seinen beiden Bestsellern »Familienkonferenz« und »Managerkonferenz« darauf aufmerksam gemacht, dass durch aktives Zuhören, das Vermeiden von wertenden Du-Botschaften und eine offene Gesprächsposition ein Konflikt entschärft oder sogar gelöst werden kann, ohne dass einer

der Beteiligten das Gefühl einer erlittenen Niederlage
mit nach Hause trägt. Also: Nicht zurückschlagen, sondern den Schlag des anderen zum Ausgangspunkt einer
Problemlösung werden lassen. Wer das vermag, der
hat verstanden, welch erstaunliches Erfolgspotenzial in
wirklich gelebter Demut stecken kann.

## Das Maß der Mitte

Zum Wortfeld Demut, dienen wollen, Bodenhaftung
und Gabe der Unterscheidung gehört auch die vierte der
Kardinaltugenden, die *temperantia*, das rechte Maß. Für
Aristoteles, den großen Systematiker der griechischen
Philosophie, ist das rechte Maß wiederum der Maßstab,
der an die anderen Tugenden angelegt werden muss, sol-
len sie nicht zu bloßen Maximalforderungen erstarren.
Es geht um die goldene Mitte bei jeder Handlung: Die
Großzügigkeit beispielsweise muss zwischen den Ge-
gensätzen Geiz und Verschwendung die Waage halten,
der Fleiß zwischen Müßiggang und Arbeitssucht, die
Loyalität zwischen blinder Gefolgschaft und Willkür.
Der sprichwörtliche Pfad der Tugend ist schmal, die
Mitte zu halten ist ein ständiger Balanceakt. Zucht und
Maß, wie Josef Pieper diese Tugend nennt, helfen uns,
diesen Mittelweg nicht aus den Augen zu verlieren und
uns nicht in Extreme zu verrennen.

Dieses Bemühen um das Maß der Mitte wird mit
einem aus der Sprache der griechischen Athleten ent-
lehnten Wort bezeichnet: *Askese* bedeutet zunächst

nichts anderes als Training. Man muss etwas immer wieder üben, dieses aber nicht zu viel und nicht zu wenig. Leider hat die Absolutsetzung des Verzichtsmoments in der Geschichte der christlichen Askese zu einer Einschränkung der Wortbedeutung geführt, die es zu revidieren gilt. Askese meint: Um den alltäglichen Balanceakt, das rechte Maß, suchen, finden und halten zu können, muss man sich immer wieder darum bemühen. Heute ist dieses Training im Finden des rechten Maßes vor allem angesichts der zwar schon wieder schwindenden, aber doch für die letzten zwei Jahrhunderte dominierenden Ansicht, alles und jedes sei machbar, neu gefordert. Die (Natur-)Wissenschaft und die mit ihr verbundene technische Entwicklung gaukelte dem Menschen der Moderne vor, er sei der eigentliche Herr der Welt. Der *homunculus* des Faust, die geklonten Schafe unserer Tage, die letztlich nur sehr schwer und in jedem Fall nur ungeheuer aufwendig kontrollierbare Atomkraft oder die globalen ökologischen Probleme lehren uns eine neue Art der »Asketik«, wie man die Kunst der rechten Askese nennen könnte. Wir lernen, wenn auch langsam, dass der Verzicht auf das Machbare zum Überlebensprogramm der Menschheit gehört. Damit wird die Asketik zu einem wichtigen Teil einer neuzeitlichen Ethik, der Lehre vom rechten Verhalten des Menschen im Allgemeinen und Besonderen. Ethik bezeichnet hier die Kunst, das Ethos, die guten Gewohnheiten im Miteinander und Zueinander wieder zur Geltung zu bringen oder, wo nötig, den Erfordernissen des Hier und Heute anzupassen.

Dieses Wort »Anpassung« (lateinisch *adaptatio*) hat eine sehr ambivalente Bedeutung. Sie ist einerseits notwendig, sonst könnte ein Lebewesen in seiner Entwicklung gar nicht überleben. Die gesamte Evolution ist eine einzige Geschichte erfolgreicher Anpassungen an veränderte äußere Gegebenheiten. Andererseits ist eine gewisse Widerständigkeit gegen allzu viel Anpassung genauso überlebensnotwendig, will der Einzelne nicht untergehen in der Masse der allzu Angepassten, die ihn umgeben. Es gehört eine gute Portion Mut dazu, in unserer Zeit das je Eigene nicht aufgehen zu lassen im gerade Modischen und Vorherrschenden. Mir fällt zum Beispiel auf Flughäfen immer wieder die große Schar der »Business«-Uniformierten auf. Junge Leute, oft erst ganz frisch im Beruf, die sich mit einer ungeheuren Freude darauf stürzen, jetzt endlich dazuzugehören zu denen, die schön sind und reich werden wollen. Alle im ähnlichen dunkelblauen Anzug mit Einstecktuch, Laptop auf den Knien, Handy am Ohr. Sicher ist das Outfit und das wichtigtuerische Gehabe nicht der Maßstab für vorhandene oder mangelnde Herzensbildung. Aber genau da fällt es auf: In der Ausbildung wurde Wissen in Hülle und Fülle angehäuft, nun endlich muss sich auszahlen, was man investiert hat. Es geht sozusagen um die Rendite der Bildungsinvestitionen, auch auf Kosten der Individualität und Persönlichkeit. Es sind alles strahlende junge Menschen, getrieben vom Ehrgeiz, erfolgreich zu sein, oft genug bereit, sich vor dem Chef zu verbiegen, dass einem Angst und Bang werden kann. Wird in unserer Erziehung zum Wissenstransfer im beruflichen Alltag eigentlich auch vermittelt, dass es so etwas wie Scheitern geben kann? Dass die Lebensentwürfe vielleicht in Scherben gehen werden? Dass nicht alles so glatt geht, wie es der Business-Plan theoretisch vorsieht? Dass das aber nicht gleich das Aus fürs Leben bedeuten muss? Nach jeder Niederlage gibt es die Möglichkeit, neu anzufangen, oft auch in eine unerwartet neue Richtung zu gehen. Es tun sich plötzlich Möglichkeiten der Entwicklung auf, die man vorher nicht gesehen hat, sie vielleicht gar nicht sehen konnte. Oft helfen Niederlagen auch dabei, sein eigenes Wertesystem zu überdenken: Was ist wirklich wichtig in meinem Leben? Setze ich auf die wahren Werte, die tragen und bleiben? Oder hänge ich allzu sehr dem Zweitrangigen nach, das vergeht und für zu leicht befunden wird?

Ich selbst musste mir genau diese Fragen stellen. Wer hätte mir 1975 vorhersagen wollen, als ich voller jugendlichem Enthusiasmus ins Kloster eingetreten bin, dass ich dreißig Jahre später, nach wundervollen Jahren als Mönch, Seelsorger und Verwaltungschef, wobei ich alle meine Talente zum Einsatz bringen konnte, aber auch meine Grenzen kennenlernen musste, die päpstliche Dispens von den Ordensgelübden in Händen halten würde. Auch wenn ich sie selbst beantragt habe – mein Traum vom Leben in einer brüderlichen, tragenden und bergenden Gemeinschaft war zerplatzt. Wie würde es weitergehen? Würde ich mit fünfzig noch einmal etwas Neues anfangen können? Trägt das, was ich bisher getan habe, auch in eine Zukunft jenseits der schützenden

Andechser Klostermauern? Diese bedrängenden Fragen angesichts des Scherbenhaufens meines Lebensent-
wurfes können zunächst sehr nachdenklich, verzagt und
demütig machen.

Aber klingt in Demut nicht immer auch etwas Mut
mit? Er spielt in der Wortgeschichte tatsächlich eine
Rolle. Das althochdeutsche *muot* hat dort allerdings
noch die Bedeutung »Seele«, später auch »Wille«. In unserem Zusammenhang würde ich mit Mut das bezeichnen, was man altertümlich als Freimütigkeit bezeichnet
und das spätestens seit den Zeiten John F. Kennedys als
Zivilcourage Karriere gemacht hat. Dabei ist heute vielleicht weniger jene Art von Zivilcourage gefordert, die
sich gegen Ungerechtigkeit und Willkür richtet, die
durch Institutionen, gewollt oder ungewollt, begangen
werden. Vielmehr braucht es besonders die »Hingu-
cker«, diejenigen, die bei den alltäglichen Verletzungen
der Würde anderer nicht verschämt wegblicken, sondern sich aktiv einmischen und dem Bedrängten helfen.
Dies kann sehr unbequem werden und im Extremfall bis
zur Gefahr für Leib und Leben gehen.

Hören, lesen und sehen wir in den Medien nicht oft
genug, dass bei Gewalttaten, z. B. an U-Bahn-Haltestel-
len, die übrigen Fahrgäste eher wegsehen, als sich für
die Opfer einzusetzen? Eher selten wird von Menschen
berichtet, die die nötige Courage besitzen, einzugreifen
und für die Schwächeren Partei zu ergreifen. Helden des
Alltags werden gebraucht, die dann allerdings auch von
den Medien dementsprechend als Vorbilder herausge-
stellt werden sollten, um beispielhaft in die Gesellschaft

hineinzuwirken! Diese hat durch Zeichen der Anerkennung zur Nachahmung anzuregen.

Und damit sind wir bei einer weiteren Sekundärtu-
gend, die einem Menschen mit gebildetem Herzen gut
ansteht, der Dankbarkeit. Darauf weist Romano Guardini in seinem nach wie vor lesenswerten Essay-Bänd-
chen »Tugenden« hin. Er analysiert unsere Zeit und
konstatiert, dass freies Geben und Empfangen als bestimmende Charakterzüge des sozialen Lebens schwinden; an ihre Stelle treten das Anmelden von Rechten
und deren organisierte Einlösung. »Und was darauf
antwortet, ist nicht Dank, sondern die Quittung, die
Sache sei in Ordnung.« Als Maß für die menschlichen
Beziehungen scheint sich das Bild des Apparates durch-
zusetzen. Es geht nicht mehr um Bitte und Dank – vielleicht nicht einmal mehr um eigentliche Rechte und
Pflichten – sondern um ein zweckgemäßes Funktionieren. Danken bedeutet immer, dass ich etwas empfangen
habe, dass ich etwas schulde. Der Bittende und Empfan-
gende ist immer schwächer als der Gebende, und wenn
er dankt, dann anerkennt er eben damit diese seine
eigene Schwäche. Vermutlich tun sich deshalb viele unserer heutigen Zeitgenossen schwer, auch für Selbst-
verständliches dankbar zu sein, sie würden damit ein
Angewiesensein auf andere dokumentieren, und das
verstößt gegen die Doktrin der Dominanz.

Dominanz, dieses Wort »dominiert« in unserer von
der Forderung nach Führungsstärke angefüllten Rede,
die sich genauso wenig wie andere Bereiche unserer
modernen Kultur der allenthalben beobachtbaren Öko-

nomisierung entziehen zu können scheint. Das lateinische Wort *dominus* bedeutet »Herr« oder »Herrscher«. Der *dominus* oder *paterfamilias* der Antike war König und Tyrann in seinem Haus, er hatte Macht über Leben und Tod in der *familia*, zu der auch die *famuli* und *servi* gehörten, die Knechte und Sklaven. Diese Attitüde des »Herr sein wollens« ist es, die den Gegensatz zur Demut darstellt. Sie schien durch die christlich-abendländische Kultur gebändigt worden zu sein – und feiert doch fröhliche Urständ auf der Wettkampfarena von Konkurrenz in Wirtschaft und Gesellschaft. Es bleibt eine beständige Aufgabe, zu lernen, dass führen, leiten, voranstehen vor allem dienen heißt und dass gelingende Gemeinschaft, in der sich alle geborgen wissen, nur dadurch geschaffen werden kann.

Man merkt: Demut ist ein schwieriges Pflaster, dennoch macht sie das Leben des Selbst und mit anderen lebenswerter, ohne denjenigen, der sie verinnerlicht hat, deshalb klein und niedrig zu erscheinen zu lassen. Eher beweist sie, dass der wahrhaft Demütige ein Mensch mit einem weiten Herzen ist.

# ACHTSAMKEIT und GEWISSENHAFTIGKEIT

für die oberflächliche
Gesellschaft

*Gib auf dich acht, Bruder!*

AMMONAS

*M*an hört so oft jammern über die Oberflächlichkeit der Menschen unserer Zeit. Es heißt, viele Menschen blieben mit ihrem Denken, Empfinden, Handeln und damit ihrem Leben insgesamt an der Oberfläche, sie drängen nicht in die Tiefe vor, ihr Handeln entspringe einer im Äußerlichen stecken bleibenden Wahrnehmung, Beurteilung und Entscheidung. Diese Oberflächlichkeit kann mehrere Ursachen haben: Zum einen die Scheu, in die Tiefe vorzudringen, denn damit könnte man zu Urteilen über sich selbst oder seine Beziehungen zu Menschen und Dingen kommen, die für die eigene Lebensgestaltung unbequeme Konsequenzen haben könnten. Also eine Art Angst vor der Notwendigkeit, durch neue Erkenntnisse etwas ändern zu müssen. Die Oberflächlichkeit hat zum anderen aber auch Ursachen in der Hektik und dem Zeitmangel des modernen

Lebens. Die Technik hat uns in den vergangenen Jahrzehnten immer mehr Möglichkeiten zur Verfügung gestellt, Arbeitsvorgänge schneller zu gestalten, aber wir
haben nicht den Eindruck, dadurch Zeit gewonnen zu
haben, im Gegenteil, wir erleben eher einen Verlust an
Zeit. Alles muss nur noch schneller gehen. In meiner
Zeit als Andechser Cellerar habe ich dieses Phänomen
selbst erlebt. Als ich den Posten antrat, übernahm ich
von meinem Vorgänger ein altes Bakelit-Telefon mit
Wählscheibe, eine »Adler« Schreibmaschine, einen vorsintflutlichen Tischkopierer, in den man zwei Blätter
einschieben musste und einen Matrizen-Vervielfältiger,
auf dem die Betriebsnachrichten wie früher die Schulaufgabenvorlagen meiner Lehrer ausgedruckt wurden.
War etwa ein Bierlieferungsvertrag mit einem Geschäftspartner abzuschließen, ging dieser mit den jeweiligen
Korrekturen ein paar mal per Post hin und her, bis man
in Ruhe überlegt und alle Änderungswünsche eingearbeitet hatte. Als dann das Faxgerät seinen Einzug hielt,
nahm man die Sendung in Empfang, korrigierte sie und
schickte sie zurück. Auch das ein vergleichsweise langwieriges Unterfangen. Heute geschieht dies alles per
E-Mail. Im Sekundentakt ploppen sie ohne Vorwarnung
neben zig Spam-Nachrichten auf meinem Bildschirm
auf und fordern sofortige Beantwortung. Schließlich
hat der Absender ja bereits die Meldung erhalten, dass
die Mail empfangen wurde. Jedwede Verzögerung bitte
vermeiden, jederzeit verfügbar sein, funktionieren. So
großartig der technische Fortschritt in unserem Arbeitsablauf auch sein mag, so führt er doch zu einem enor-

men Zeitdruck (den er uns eigentlich hätte nehmen sollen!), der kaum mehr Raum lässt für Bedächtigkeit und überlegtes Entscheiden. Und zwar im Beruflichen wie im Privaten.

Eine weitere Ursache für die konstatierte Oberflächlichkeit unserer Gesellschaft ist die überall vorhandene Ablenkungs- und Zerstreuungsmöglichkeit. Wir sind einer Flut von Reizen ausgesetzt durch eine Unmenge von Bildern, Klängen, Worten, Gerüchen und Geschmäckern. Das beginnt mit dem Radiowecker am Morgen, den Werbeflächen an den Baugerüsten auf dem Weg zur Arbeit, den im Viertelstundentakt wiederholten News im Inforadio oder der Dauerberieselung durch den iPod, setzt sich fort mit dem Geräuschpegel im Großraumbüro, andauerndem Telefon- und Handygeklingel in den verschiedensten downgeloadeten Tönen, den auf Beantwortung drängenden eigenen E-Mails oder denen der nebenan sitzenden Kollegen, mit denen man aus Zeitnot kein persönliches Gespräch mehr führen kann. Kaum zu Hause, schaltet sich schon der vorprogrammierte Großbildschirm mit der neuesten Koch-Show ein, oder man legt eine DVD ein, die auf dem Nachhauseweg noch schnell aus dem Leihautomaten gezogen wurde, dazu gibt es eine rasch aus dem Tiefkühlfach ins Rohr geschobene Pizza, ehe man todmüde ins Bett fällt, nur um sich am nächsten Morgen erneut dem ewig wiederkehrenden Trommelfeuer dieser oberflächlichen Ton- und Bildkulisse auszusetzen. Wer vermag da noch die leisen Töne herauszuhören, Tiefergehendes aufzunehmen und das Wesentliche vom Zweitrangigen zu unterscheiden? Gerade Menschen in Führungspositionen, die ständig Entscheidungen treffen müssen, verspüren ein wachsendes Unbehagen angesichts dieses sich immer schneller drehenden Hamsterrades. Gerade sie laufen Gefahr, durch die permanente Zeitknappheit und die Fülle der zu lösenden Probleme ihre Sorgfaltspflicht zu vernachlässigen. Die Gewissenhaftigkeit beim Fällen von Entscheidungen, die oft viele Menschen betreffen, bleibt dabei auf der Strecke.

Wohlgemerkt, es soll hier keinem Kulturpessimismus das Wort geredet werden und auch nicht der kleinste Anschein von Technikfeindlichkeit erweckt werden. Aber die Frage muss erlaubt sein, wie wir die Errungenschaften der modernen Zivilisation nutzen können – und damit meine ich nicht nur die technischen, sondern auch Werte wie Freiheit, Authentizität, Kreativität und Autonomie –, ohne dabei selbst unter die Räder zu kommen? Wie kann es uns gelingen, Dinge und Phänomene des modernen Alltags, und seien sie noch so hilfreich und Spaß bereitend, so in unser Leben zu integrieren, dass nicht sie uns, sondern wir sie beherrschen? Gibt es Haltungen, Werte, Methoden, um den Weg zurückzufinden von der Oberflächlichkeit zu einem bewussten und selbstmächtigen Leben aus dem eigenen Inneren? Und wie kann man das jungen Menschen vermitteln, die zwar in der heutigen Kultur aufwachsen, denen wir aber kaum erprobte Hilfsmittel mitgeben können, mit den Begleiterscheinungen dieser Kultur auch umzugehen? Denn die Halbwertszeit der Neuerungen wird immer kürzer, wir alle hecheln der Entwicklung hinterher, ohne die »Gebrauchsanweisungen« für ein gelingendes Leben überhaupt richtig studieren zu können.

All diese Fragen münden in eine zentrale: Kann das Herz, die Lebensmitte des Menschen, unter diesen Umständen überhaupt weiterhin gebildet werden, oder ist der hektische Takt der Moderne schneller als die Schläge dieses Lebensmotors und als das Zucken unserer Wimpern, der *ictus oculi*, der Augenblick, als das kürzeste Zeitmaß unserer Wahrnehmung? Kurz: Bleibt der Mensch in seiner Ganzheitlichkeit auf der Strecke?

## Achtsamkeit und das Erspüren der Dinge

Hält man an dieser Stelle einmal inne und wirft einen Blick in die Vergangenheit, stellt man fest, dass der Mensch seit seiner Entwicklung zum Homo sapiens im Großen und Ganzen gleich geblieben ist. Er nimmt seine Umwelt durch die ihm gegebenen fünf Sinne wahr. Geändert haben sich nur die Hilfsmittel, die er erfunden und entwickelt hat, um seine Wahrnehmung zu verbessern. Dabei gelang es dem Menschen relativ früh, den Gesichtssinn zu kultivieren durch das Festhalten von Bildern in der Malerei und – verbunden mit dem Tastsinn – in der Skulptur. Das Konservieren und Übertragen von Tönen und Klängen in Zeit und Raum ist ihm hingegen erst seit Kurzem möglich. Bis dahin musste alles, was man hören wollte, immer wieder reproduziert werden:

Musik, Klang, Ton, Sprache. Aber auch heute noch ist eine Folge von Tönen und Klängen etwas Flüchtiges: Ein Bild kann ich über einen längeren Zeitraum hinweg betrachten, ein Musikstück oder ein vorgetragener Text können nicht festgehalten, sie müssen wiederholt werden – und sei es auf einer CD oder dem MP3 Player. Deshalb hat das Hören eine andere Qualität als das Sehen – es bedarf einer größeren Konzentration auf den aktuellen Vorgang. Bis zur Erfindung des Buchdrucks im 15. Jahrhundert war es zudem auch normal, einen geschriebenen Text beim Lesen, auch wenn man allein war, laut vorzutragen. Es gab nicht viele Bücher, deshalb auch nicht viele Lesekundige. So ließ man sich Texte vortragen. Im häufigen Wiederholen lernte man die wenigen und schon dadurch wichtigen Texte auswendig. Eine Praxis, die sich übrigens noch bis ins 19. Jahrhundert in den Salons der gehobenen Gesellschaft hielt: Während die Damen mit ihren Handarbeiten beschäftigt waren, wurde einer der anwesenden Herrn gebeten, aus einem gerade aktuellen Buch, einem Roman oder Gedichtband, einer Reisebeschreibung vorzulesen. Das Hören war also über Jahrhunderte eine der intensivsten Formen des Aufnehmens von Informationen aus der Umwelt.

Der Stellenwert des Hörens und Zuhörens wurde mir selbst erst richtig bewusst durch meine Jahre im Kloster. Das Leben dort ist organisiert nach der Regel des heiligen Benedikt von Nursia. Für Benedikt ist die wichtigste Lebenseinstellung, die ein Mönch lebenslang einzuhalten hat, die des Gehorsams. Wir Heutigen verbinden mit diesem Begriff immer gleich die Zerrbilder von Militarismus und Untertanentum und haben deshalb unsere Schwierigkeiten mit ihm. Aber von der ursprünglichen Bedeutung her lässt sich das Wort auf den Kernbegriff »horchen« zurückführen. Horchen ist ein aktives hören wollen. Das deutsche Wort »Gehorsam« besteht aus drei Teilen: Die Vorsilbe »Ge-« bezeichnet eine Verallgemeinerung oder eine Sammlung. So bilden mehrere Berge ein Ge-birge, das Rauschen eines vorbeifahrenden Autos verursacht ein Ge-räusch. Die Nachsilbe »-sam« bedeutet eine Verstärkung, hier ein besonders eifriges Tun. So ist ein sparsamer Mensch eifrig im Sparen, ein Folgsamer eifrig im Folgen. Gehorsam bezeichnet also eine Haltung des Eifrigseins im aufmerksamen Hinhören. Sie soll den Mönch prägen.

Wie wichtig für Benedikt dieses Horchen ist, zeigt er dadurch, dass er seine Regel damit beginnen lässt: »Höre, mein Sohn, auf die Weisung des Meisters!« Da das Hören eine höhere Konzentration erfordert als das bloße Sehen, braucht es als Ergänzung auch das Schweigen und die Stille, in der ich das Gehörte bedenken und mir aneignen kann. Da uns heute die Wichtigkeit des Hörens und Horchens in seiner Komplexität kaum noch bewusst ist, verwenden wir für das, was damit gemeint ist, andere Begriffe wie Aufmerksamkeit oder Achtsamkeit. Die Aufmerksamkeit wird erst möglich durch die Zuwendung zu einem Objekt, dem ich sie schenke. Das heißt, ich wähle aus der Fülle der auf mich einprasselnden Sinnesreize ein Element, ein Objekt aus. Diese Fokussierung bewirkt ihrerseits bei mir Gefühle und Emotionen, je nach dem Gehalt des Gehörten.

Die Achtsamkeit ist ein ähnlicher Begriff, der aber wesentlich weiter gefasst ist. In der modernen Managementtheorie wird er mit dem englischen Wort *mindfulness* übersetzt. Damit ist diejenige geistige Einstellung gemeint, in der man sich um ein breites und gleichmütig-akzeptierendes Achtgeben auf alle Phänomene bemüht, die im Bewusstsein auftauchen: Gedanken aller Art wie Erinnerungen oder sonstige Vorstellungen, Sinneswahrnehmungen aus der Umgebung sowie aus dem eigenen Körperinneren einschließlich aller emotionalen Vorgänge.

Es gibt sogar eine Religion, in der Achtsamkeit einen zentralen Stellenwert innehat: den Buddhismus. Dort bedeutet achtsam sein, ganz in der Gegenwart, im Hier und Jetzt zu sein und sich seiner Gefühle, Gedanken und Handlungen in jedem Augenblick voll bewusst zu sein. Es gibt einen vierfachen Weg der Achtsamkeit: Achtsamkeit auf den Körper, Achtsamkeit auf die Gefühle, Achtsamkeit auf die Gedanken und schließlich Achtsamkeit auf die Objekte der Gedanken. Vielleicht ist genau diese Bedeutung der Achtsamkeit, die etwas anderes ist als unsere westliche geistige Angestrengtheit, der Grund für die zunehmende Attraktivität dieser Religion auch in unseren Breiten. Ein buddhistischer Gelehrter spricht denn auch vom Panorama-Bewusstsein im Gegensatz zu der von uns geforderten Konzentration. Gemeint ist damit eine reine Wahrnehmung der Fülle, die sich im Augenblick bündelt, ohne gleichzeitig beurteilt zu werden. Der Achtsame begreift sich einfach nur als Zeuge in sich ruhend. Diese Achtsamkeit wird eingeübt durch Meditation.

Zugegeben, der Buddhismus ist eine Mönchsreligion und sicherlich können sich auch nur Mönche den Luxus stundenlanger Versenkungsübungen leisten. Dennoch prägt die Achtsamkeit gegenüber allen Phänomenen dieser Welt den östlichen Menschen. Ein grandioses Beispiel für einen Mönch und Menschen, der diese Haltung der Achtsamkeit von klein auf verinnerlicht hat, ist der gegenwärtige Dalai Lama. Dass so viele Menschen zu seinen Vorträgen zusammenkommen, liegt sicher auch an seiner von Herzensbildung geprägten und diese ausstrahlenden Persönlichkeit. Ich glaube, dass viele Menschen sich seine Lebenseinstellung aneignen und ebenso wie er Ausgeglichenheit, Ruhe und Gelassenheit erlangen möchten. Aber sie haben das Gefühl, dies nicht (mehr) in unserer Kultur finden zu können. Und doch wäre es in unserer Tradition vorhanden. Dem Christentum ist es allerdings nicht gelungen, die eigenen überlieferten Praktiken des Loslassens und achtsam Werdens auch außerhalb der Klostermauern und jenseits des engen Kreises der Mystik-Kenner bekannt und fruchtbar werden zu lassen. Und das liegt sicher auch ein Stück weit an der Konzentration auf den Text, der im Christentum in Form der Bibel konstitutiv ist. Man meditiert eher gegenständlich eine Bibelstelle, um Gott zu erfahren. Der Buddhismus hingegen will, dass der Mensch frei wird von seinen Leidenschaften. Er ist nicht so sehr zielorientiert in seiner kontemplativen Praxis, weil er eben grundsätzlich ohne das Bekenntnis eines persönlichen Gottes auskommt. Hinzu kommt, dass dem Christentum von jeher das

Gebet zu Gott wichtiger war als Meditation und Kontemplation.

Dennoch entspringen beide Begriffe – Meditation und Kontemplation – unserer ureigenen griechisch-römischen und vom Christentum anverwandelten Geschichte. Meditation steht für die gegenständliche Betrachtung, Kontemplation eher für die gegenstandsfreie. Die Meditation in gut rationaler Überlieferung ist das abwägende und verinnerlichende Umgehen mit Tatbeständen; das Äquivalent der griechischen und damit jetzt orthodoxen Spiritualität ist schon seit Plato die *theoria*, das intuitive und eben nicht diskursive, das heißt argumentierende, innere oder äußere Schauen und Anschauen. Dazu braucht es und führt seinerseits wieder zu Sensibilität, einem Seelenvermögen, das sowohl methodisch anwendbar ist als auch im Vollzug erlebt wird.

Und damit wären wir wieder bei der Frage: Was nützt dies für unser Thema, die Herzensbildung? Kann ein ernsthafter moderner Mensch wirklich für Kinder und Jugendliche ein Programm des Einübens in Achtsamkeit durch Meditationsübungen propagieren? Ich wage es, mit einer Gegenfrage zu antworten: Warum denn nicht? Die Achtsamkeit, erlangt mithilfe von Meditation, hat mit der Philosophie einen Anfang gemeinsam: das Staunen. Und als solches ist sie lehr- und lernbar. Es gibt heute schon pädagogische Konzepte, die junge Menschen über das Erleben und damit das Bewusstwerden an die wiederzugewinnende Achtsamkeit heranführen wollen. Sie lehren die Kinder zu staunen über die Natur, den Klang, die Musik, die Kunst, das Wort, die Sprache, das Nicht-Sprechen, also das Schweigen und die Stille, das Staunen über sich selbst und die anderen Menschen in ihrer Verschiedenheit und schließlich über die Frage, woher denn dies alles kommt, wie es existiert und wohin es weitergehen wird. Dabei helfen kleine Übungen der Empathie, des Ruhigwerdens, des Erspürens von Atem und Herzschlag, des genauen Betrachtens, Lauschens, Betastens, Schmeckens und Riechens, also Formen des sinnlichen Wahrnehmens. Es sage mir keiner, das könne man nicht lernen! Man muss es nur wollen und sich dafür die Zeit nehmen. Übrigens: Das Staunen lernen ist auch einem Erwachsenen möglich, wenn auch vielleicht mit größerem Aufwand als bei einem Kind. Denn er muss seine vielen Verstandesbrillen, die den Blick von innen nach außen und vor allem umgekehrt verstellen, erst absetzen und seinen mühsam vollgestellten Speicher des Fühlens und Denkens genauso mühsam wieder entrümpeln!

Dass eine gewisse Achtsamkeit, ein Erspüren der Dinge wirklich möglich ist, zeigt sich interessanterweise gerade in unserer Zeit. Ist es nicht erstaunlich, dass gleichzeitig mit der zunehmenden Ökonomisierung und Globalisierung unserer Welt eine Sensibilität für Natur und Umwelt entstanden ist, also für den Raum, in dem wir leben? Die Gefährdung des Planeten durch uns selbst und unseren ehedem unhinterfragten Fortschrittsglauben hat diese Einsicht und Achtsamkeit zwingend notwendig gemacht. Schließlich geht es um unsere Zukunft und die unserer Kinder.

Leider ist uns die Gefährdung der zweiten Dimension, in der wir uns bewegen, noch nicht so sehr ins Bewusstsein gerückt, obwohl diese Ressource schon immer knapp war. Ich meine die Zeit! Mit dem Satz: »Morgen beginnt der Rest deines Lebens« müsste jedem von uns doch klar werden, dass die Zeit, die uns in diesem Leben bleibt, beschränkt ist und dass wir damit sorgsam haushalten müssen. Der Umgang mit der Zeit unterliegt einem Paradoxon: Je mehr wir in sie hineinpacken, desto schneller vergeht sie – zumindest subjektiv. Wir würden heute wohl von der »gefühlten Zeit« sprechen. Eine Achtsamkeit gegenüber der Zeit würde bedeuten, dass wir begreifen, dass sie ein vergängliches Geschenk ist. Dass wir aufhören, sie mit allerlei Nützlichem und Unnützem vollzustopfen. Sicher, Zeit, die einfach vergeht, ist uns auf Effektivität und Produktivität getrimmten »business men and women« schon von vorneherein verdächtig, ja ein Gräuel. Und doch müssen wir aufpassen, dass die zunehmende Beschleunigung des Lebens uns nicht den Atem nimmt und wir am Ende aufschrecken und merken, dass wir vor lauter Aktivität Zeit im Letzten vergeudet und verschleudert haben.

Wir müssen also lernen, unser Leben zu entschleunigen und Pausen der Besinnung auf uns selbst einzulegen. Folgende Fragen mögen uns dabei als Nagelprobe dienen: Will ich nur »außengelenkt« meine Zeit verrinnen lassen, oder lebe ich »innengelenkt« aus einer ganzheitlichen Erfahrung und noch selbst getroffenen Entscheidungen? Lebe ich mein Leben, oder werde ich gelebt? Oder, wie ein schöner Spruch heißt: Träume ich mein Leben, oder lebe ich meine Träume? Dazu muss ich mir aber die Zeit fürs Träumen nehmen. Tagträume zulassen! Den Rat eines Zeitmanagers werde ich in diesem Zusammenhang nie mehr vergessen: Setzen Sie sich jeden Tag mit einem Glas Rotwein eine Stunde vor den Kamin und lassen Sie Ihre Gedanken zweckfrei schweifen! Natürlich sagt das ein Berater für besser genutzte Zeit nur deshalb, weil er weiß, dass diese »verlorene Stunde« die Phantasie und Kreativität und damit den Erfolg fördert. Auch wenn Sie keinen Kamin haben und glauben, eine Stunde nicht entbehren zu können, und auch wenn ich vorhin vom altbekannten Paradoxon vom Zweck des Zweckfreien gesprochen habe: Der Ansatz ist richtig. Mir hat im Kloster übrigens schon die Viertelstunde Mittagsgebet mit einer intensiven fünfminütigen Stille ungeheuer gutgetan. In diesen Momenten konnte ich die Alltagsprobleme, die das Führen eines Klosters und eines mittelständischen Betriebs mit sich bringt, vor meinem Herrgott abladen und dabei zum Luftholen und Aufatmen kommen.

Um diese Erfahrung machen zu können, müssen Sie sich also nicht gleich vor den Kamin setzen und auch nicht gleich in ein Kloster eintreten. Ein inzwischen schon lange pensionierter Vorstand einer großen Versicherungsgesellschaft erzählte mir einmal, dass er täglich von seiner Wohnung in der Münchner Maxvorstadt zur Arbeit nach Bogenhausen und zurück durch den Englischen Garten zu Fuß gegangen sei. Mit der U-Bahn wäre dies sicher schneller zu schaffen gewesen. Verlorene Zeit also? Ganz im Gegenteil: Vor allem am Abend seien ihm, bis er zu Hause angekommen war, die Probleme und der Ärger, die er gelegentlich mit auf den Weg genommen habe, gar nicht mehr so groß und unlösbar erschienen. Er hatte es verstanden, die verschenkt scheinende Zeit zu einer geschenkten Zeit der Achtsamkeit für sich selbst und die Schönheit der urbanen Natur umzuwidmen. Das ist ein Rezept, das wir alle sofort anwenden könnten.

Achtsamkeit können wir aber nicht nur im Umgang mit uns selbst leben. Zur Herzensbildung gehört auch, aufmerksam den Menschen zu begegnen, mit denen man zu tun hat. Ein schönes Wort aus der Bibel für den Menschen, der gerade da ist, lautet »Nächster«. Damit ist nicht irgendein abstrakter Mensch gemeint, dem man irgendwann begegnen könnte oder der in fernen Weltengegenden lebt, sondern konkret derjenige, der mir jetzt gegenübersteht oder der mir emotional am nächsten ist. Partner, Kinder, Freunde, Angehörige, Kollegen, Mitarbeiter, Kunden, die Verkäuferin, die gerade an der Kasse die Preise meiner Waren zusammenrechnet, oder der Austräger, der täglich die Zeitung vor meine Wohnungstür im dritten Stock legt. Nehme ich diese Menschen wahr? Sind sie für mich überhaupt Menschen, oder könnten diese Arbeiten genauso gut Roboter verrichten, ohne dass ich den Unterschied bemerkte? Es hat etwas mit Wertschätzung zu tun, anderen mit Achtsamkeit und Aufmerksamkeit zu begegnen. Beherzige ich dies, ist auch ein Lerneffekt spürbar: Je achtsamer ich mit

Menschen umgehe, umso mehr werde ich mir Menschenkenntnis aneignen. Und diese ist eine ungeheuer hilfreiche Gabe im privaten und beruflichen Miteinander, weil sie Sicherheit und Vertrauen zu schaffen vermag. Hat der Nächste gerade Probleme, die es ihm erschweren, bei sich selbst zu sein? Ist seine schroffe Antwort nicht nur ein versteckter Hilfeschrei? Wenn er sagt, es gehe ihm gut, ist das die Wahrheit, oder versucht er nur zu überdecken, wie schlecht es ihm in Wirklichkeit geht? Menschenkenntnis und die oben schon angeführte Menschlichkeit liegen nahe beieinander. Wer an Menschen nur einseitig interessiert ist, wenn ausschließlich Output und Leistung zählen, wer den Menschen also gegen den Kant'schen Imperativ nur als Mittel zum Zweck ansieht, bei dem entsteht schnell ein Zerrbild vom anderen. Erst auf der Basis einer ehrlich gemeinten Zuwendung und ernsthaften Beziehung blicke ich tiefer in den Mitmenschen hinein, entdecke die vielfältigen Potenziale, die in ihm stecken, und erwerbe das, was man Menschenkenntnis nennt.

In der Tradition der ersten Mönche, den Einsiedlern in der ägyptischen Wüste, die man Altväter nennt, ist die Menschenkenntnis ein Zeichen, ein Geschenk der Gnade Gottes, das ihnen nach langen Jahren des Gebets und der Askese gemacht wurde. Hier wird sie Herzenskenntnis, Herzensschau, Kardiognosie genannt. Eine Geschichte aus der Sammlung »Weisung der Väter« zeigt, wie sehr Menschenkenntnis zur Menschlichkeit verhilft, getreu dem Spruch der alten Philosophen »Nichts Menschliches ist mir fremd«: Der Altvater

Ammonas wird von den Dorfbewohnern aufgefordert, zum Kellion (der Zelle) eines Mönchs zu kommen. Es war ruchbar geworden, dass dieser dort eine Frau versteckt hatte. Ammonas wusste gleich Bescheid, »doch um Gottes willen verdeckte er die Sache«, setzte sich auf das Fass, in dem der Mönch die Frau versteckt hatte, und ordnete eine Durchsuchung des Kellions an – die Frau blieb unauffindbar. Da sagte der Altvater Ammonas zu den Dorfbewohnern: »Was ist das? Gott soll euch vergeben, dass ihr den Bruder verleumdet habt!« Er ließ ein Gebet verrichten und hieß alle hinausgehen. Dann nahm er den Bruder bei der Hand und ermahnte ihn, bevor er ging: »Gib auf dich acht, Bruder!«

Über diese Art von Herzensschau verfügen auch viele erfahrene Seelsorger oder Therapeuten unserer Tage. Mit viel Erfahrung erkennt man die Nöte, die den Rat suchenden Menschen plagen. Wenn er nicht den Mut findet, über sein Anliegen zu sprechen, kann ein kleiner Hinweis den Mund und das Herz öffnen. Dies genügt oft als ein erster Schritt zur Therapie des Herzens.

## Gewissen als das »Gesetz in uns«

Mit Achtsamkeit und Aufmerksamkeit wird oft auch der Begriff der Gewissenhaftigkeit verbunden. Ich denke, damit soll ausgedrückt werden, dass jemand nach einem geschärften Gewissen handelt. Sonst spricht man heute ja nur noch von einem schlechten oder guten Gewissen,

das man nach einer vollbrachten Tat hat. Was ist das
also, das Gewissen, und was verbindet man damit? Im
ältesten, dem von den Christen als Altes Testament
bezeichneten Teil der Bibel und in den Evangelien
kommt dieser Begriff nicht vor. Seine Funktionen werden dort dem Herzen als dem Personenzentrum des
Menschen zugeschrieben. Sokrates nannte die innere
Stimme, die ihn warnte, wenn er im Begriff stand, etwas
nicht Richtiges zu tun, *daimonion*. Seine Selbstverpflich-
tung diesem »Daimon« gegenüber wurde ihm von den
Athenern als Gottlosigkeit ausgelegt, die ihn deshalb
zum Tod durch den Schierlingsbecher verurteilten. Der
große Philosoph der Neuzeit, Immanuel Kant, bezeichnet das Gewissen als das »Gesetz in uns«, ein Bewusstsein, das jeder in sich trägt. Es hat eine rückschauende,
begleitende und vorausschauende, eine Kontroll- und
Weisungsfunktion. Vorher schon haben Cicero und
Seneca in der römischen Antike das Gewissen definiert
als die innere Instanz, die die Übereinstimmung der
Lebensführung mit dem eingepflanzten Gesetz der
Natur beobachtet und beurteilt. Für den Kirchenvater
Augustinus ist es unser »Inneres«, der Ort im Menschen,
wo er den Willen Gottes, das natürliche Gesetz, zur
Kenntnis nehmen kann. Dort erfährt er sich aber auch
als vor den Richterstuhl Gottes gestellt und kann auf den
Ruf des Herrn antworten. Im Laufe der moraltheologi-
schen Entwicklung wurde das Gewissen immer mehr
reduziert auf die Funktion, das Urteilen und Handeln
der Gläubigen an die Bestimmungen des kirchlichen
Amtes anzupassen. Die kirchliche Rede vom Gewissen

wurde oft als Herrschaftsinstrument über die Gläubigen verstanden und daher von vielen abgelehnt.

Seit der Aufklärung wird die Forderung nach Gewissensfreiheit erhoben. Sie ist heute das ethische Fundament des modernen demokratischen Rechtsstaates. Dieser darf sich nicht in die innersten Überzeugungen seiner Bürger einmischen. Jede Person hat den Anspruch, nicht zum Handeln gegen ihr Gewissen gezwungen zu werden und gemäß ihren eigenen Gewissensüberzeugungen tätig sein zu dürfen. Deshalb wird heute als »Königsaufgabe aller Erziehung« die Gewissensbildung gefordert, zumal in Zeiten, in denen sich der Einzelne in seinem Urteil und Handeln immer weniger auf sozial tradierte Handlungsentscheidungen stützen kann. Auch wenn die Verantwortung vor dem Gewissen Vorrang hat vor dem Gehorsam gegenüber Autorität, Gemeinschaft und Institution, so ist seine Urteilskraft doch abhängig vom Lernen, dem Austausch mit anderen, der wechselseitigen Bestätigung und Korrektur. Gewissenhaftigkeit ist demnach eine am Gewissen ausgerichtete, pflichtbewusste Verantwortungshaltung. Gewissenhaftigkeit kann in Skrupulosität, d. h. übermäßiger Gewissensangst ausarten, die sich bis zu neurotischen Zuständen steigern vermag. Vielleicht haben auch daher, von der gelegentlichen Überstrapazierung in der kirchlichen Buß- und Beichterziehung und von der Überbetonung des Kant'schen Pflichtbewusstseins die Worte Gewissen oder Gewissenhaftigkeit einen etwas antiquierten Klang. Das damit gemeinte ist zum Teil durch die beispielhafte Zivilcourage einzelner Zeitgenossen lebendig und kraftvoll im Bewusstsein der Menschen. Der Kampf um die Gewissensfreiheit von Menschen, die unter einem Zwangsregime verfolgt und ihrer Freiheit beraubt werden, bleibt allen aufrechten Demokraten weltweit als Aufgabe gegeben. Wir reden auch von einem weiten und einem engen Gewissen. Ein Skrupulant leidet unter Letzterem, der Bruder Leichtfuß scheint sich an Ersterem zu erfreuen. Das Gewissen muss also gebildet werden, um die Extreme zu vermeiden, es bedarf der Formung – nicht nur im Kindesalter, sondern lebenslang. Der erwachsene Mensch, der mündige Bürger kommt nicht umhin, seine Gewissenshaltung immer wieder zu überprüfen, in grundsätzlichen Fragen, aber auch in den vielen kleinen Entscheidungen des Alltags. Wenn ich mir dieser lebenslangen Aufgabe bewusst werde, komme ich nicht darum herum, mit offenen Augen und Ohren durch die Welt zu gehen, mir Beispiele und Vorbilder zu suchen, mir immer wieder Rat zu holen und die Zeichen der Zeit wahrzunehmen, um die rechte Mitte zu finden. Dies ist nur möglich durch Lernen und Ausprobieren. Manches Mal werde ich dabei auch ein irrendes Gewissen erleben, bei mir und anderen. Hier heißt es, Fehlertoleranz zu üben, mir gegenüber und anderen, und daraus für das nächste Mal zu lernen.

Mit der Welt, in der wir leben, kommen wir über die Sinne in Kontakt. Sehen und Hören sind die auffälligsten Sinneswahrnehmungen. Gerade die Aufmerksamkeit ist eine Eigenschaft, die ein genaues Auf- und Wahrnehmen ermöglicht und dann zur Achtsamkeit in unseren Reaktionen führt, zu einer Haltung hohen Respekts und tiefer Ehrfurcht gegenüber den Phänomenen der Welt und des Lebens.

Die je persönliche Gewissenhaftigkeit, gepaart mit einer frischen und zupackenden inneren Freiheit und Gelassenheit, ist eine erstrebenswerte Haltung, die man gerade angesichts der Skandale bei Führungskräften unserer Institutionen und Organisationen nicht laut genug einfordern kann. Eigenartigerweise suchen gerade wir Heutigen, die allen Herrschaftsstrukturen grundsätzlich kritisch gegenüberstehen, Vorbilder, die ihre Rolle gewissenhaft erfüllen.

## Die Grundhaltung des Hörens

Achtsamkeit, so habe ich gesagt, ist eine ganzheitliche Sicht des benediktinischen Hörens. In seiner Organisation, dem Kloster, das er einrichtete, verpflichtete Benedikt von Nursia alle Mitglieder zum gegenseitigen aufeinander Hören, sie sollten darin sogar miteinander wetteifern. Der erste Mönch dieser Gemeinschaft, ihr Leiter, ist der Abt. Er soll auch im Gehorsam, dieser Grundhaltung des Hörens, beispielhaft vorangehen. Somit ist er der erste Hörende. Er hört auf Gottes Wort, das er verbindlich auslegt, er hört auf die Tradition der Väter und das Regelwerk des Gründers. Und er wird verpflichtet, auf seine Brüder zu hören. Gleich das dritte Kapitel der Regel, unmittelbar nach der Stellenbeschreibung des Abtdienstes, handelt davon, dass er die Brüder zum Rat einberufen soll. »Sooft etwas Wichtiges im

Kloster zu behandeln ist, soll der Abt die ganze Gemeinschaft zusammenrufen und selbst darlegen, worum es
geht. Er soll den Rat der Brüder anhören und dann mit
sich selbst zurate gehen. Was er für zuträglicher hält,
das tue er. Dass aber alle zur Beratung zu rufen seien,
haben wir deshalb gesagt, weil der Herr oft einem Jüngeren offenbart, was das Bessere ist.« Benedikt greift mit
seiner Weisung zurück auf die Tradition der griechischen Philosophie und begründet seinerseits die Tradition des kirchlichen »Rätesystems«. Bis zum heutigen
Tag wird diese Vorform der Demokratie in der katholischen Kirche praktiziert. So gibt es in den Gemeinden
Pfarrgemeinderäte, die der Pfarrer in allen seelsorgli-
chen Belangen zurate ziehen soll, an deren Beschlüsse
er aber nicht gebunden ist; der Bischof wird von
Domkapitel beraten, der Papst von seinem »Senat«,
dem Konsistorium der Kardinäle und den von ihnen
geleiteten Kongregationen. Bei einigen dieser kirchlichen Gremien hat sich der Rat inzwischen zum binden-
den Votum entwickelt. So ist ein Abt verpflichtet, sich an
die Abstimmung der Mönche zu einer von ihm vorge-
legten »wichtigen Angelegenheit« zu halten. Auch im
staatlichen Bereich wird der Begriff des Rates verwendet, in der Bundesrepublik heißt die Kammer der Län-
der »Bundesrat«, in der Schweiz werden die Minister so
bezeichnet.

Seit der Antike wird die Wohlberatenheit zum Haupt-
garanten eines erfolgreichen Lebens. Der zweite vom
Abt geforderte Schritt, mit sich selbst zurate zu gehen,
ist schon bei den Griechen die spezifische Leistung der

Seele. Beides führt zum Tun, das nach bestem Wissen und Gewissen zum Vorteil des Ganzen geschieht. Neu gegenüber der antiken Hochschätzung des Rates der erfahrenen Alten (die *seniores* bilden den *senatus*, den Rat der Alten) ist die Forderung, auch den Jüngeren zu hören. Wie kam es dazu? Sicher aus den biblischen Beispielen eines Königs David oder des zwölfjährigen Jesus im Tempel. Aber es zeugt auch von gruppenpsychologischer Weisheit. Jeder neu Hinzukommende hat noch einen unverstellten Blick. Er wagt es, neue Themen anzusprechen und unbequeme Ansichten zu äußern. Bei immer gleichen »Räten« einer Versammlung oder eines Gremiums kommt es allmählich zu einem Einschwenken auf einen immer mehr sich verfestigenden Mainstream von Meinungen. Aus gegenseitiger Rücksichtnahme werden Dinge, die wunde Punkte bei dem einen oder anderen anrühren könnten, nicht mehr angesprochen. Ein von außen oder neu dazu Kommender kennt diese nicht und hat deshalb keine Scheu, diese »heißen Eisen« anzupacken. Benedikt gibt seinem Abt sogar den Ratschlag, zu allen wichtigen Angelegenheiten durchreisende Mönche und Gäste des Klosters anzuhören. Er nutzt die Sicht von außen für eine breiter fundierte Entscheidung.

Benedikts Haltung ist in dieser Hinsicht durchaus vergleichbar mit unserer Beraterkultur, die sich in Wirtschaft und Politik in den letzten Jahrzehnten fast überbordend breit gemacht hat. Mag sie auch ein Indiz für die aktuelle Tendenz sein, die Verantwortung für unbequeme Entscheidungen auf andere, Außenstehende abzuschieben – der Abt eines Klosters bleibt nach der Benediktsregel zu verantwortlichem Handeln verpflichtet: »Was er für zuträglicher hält, das tue er!« Er kann seine Entscheidung weder auf Dritte abwälzen noch in die Endlosschleifen diverser Gremien delegieren.

Damit sind wir neben den beiden Seiten der Medaille ›Rat holen‹ und ›Rat geben‹ zu einem weiteren Aspekt der Achtsamkeit gekommen, der Verantwortung. Zur Oberflächlichkeit unserer Tage gehört auch die zunehmende Scheu, Verantwortung zu übernehmen. Und sei es nur die Verantwortung für eine selbstständige Entscheidung innerhalb meines beruflichen Umfelds. Sie wird durch mehrfaches »cc« bei den E-Mail-Versendungen gegen jedwede Möglichkeit, zur Rechenschaft gezogen zu werden, abgesichert. Oder sei es die Verantwortung für andere, indem man davor zurückschreckt, verpflichtende Bindungen einzugehen.

Unser deutsches Wort Verantwortung weist auf das Kommunikationsverständnis hin, das damit bezeichnet wird. Ich muss bereit sein, ein verbindendes und mich verpflichtendes Wort zu entgegnen. Dazu braucht es natürlich ein vorausgehendes Vertrauen des Kommunikationspartners, Verantwortung auch abzugeben und zu delegieren, damit ich diese Antwort auch geben kann.

Herzensbildung hat also auch damit etwas zu tun, Menschen heranzubilden, die genügend Rückgrat haben, um in Familie, Gesellschaft, Wirtschaft und Staat Verantwortung zu übernehmen – selbst wenn diese immer mit dem Risiko verbunden ist, auch einmal ein-

gefordert zu werden. Der vor noch nicht allzu langer
Zeit verstorbene jüdische Philosoph Hans Jonas hat
sein Hauptwerk »Das Prinzip Verantwortung« genannt.
Wenn er darin auch besonders auf die ökologische Herausforderung reagiert und vor allem auf die Verantwortung gegenüber den kommenden Generationen abhebt,
so scheint mir damit doch ein modernes Postulat nicht
nur für, sondern vor allem an diese zukünftigen Generationen gestellt: Seid achtsam und aufmerksam vor allem
in Bezug auf die wichtigste Ressource unseres Planeten:
den Menschen, seinen Geist, seine Möglichkeiten, seine
Seele und sein Herz!

# WERTE

## für die haltlose
## Gesellschaft

*Nichts Menschliches erachte ich mir fremd.*
SENECA

Zwei Amerikaner stehen in New York an einer Ecke der Fifth Avenue. Da fährt der Chef des einen in einem schicken BMW vorbei. Sagt der eine zum anderen voller Stolz: »So einen Wagen werde ich auch mal fahren.«

Zwei Deutsche gehen in München auf der Maximilianstraße den Gehsteig entlang. Fährt der Chef des einen in einem Porsche Cayenne vorbei. Sagt der eine zum anderen voller Zynismus: »Der wird auch irgendwann wieder zu Fuß gehen.«

Mit diesen beiden Szenen will ich zeigen, dass die sogenannte deutsche Befindlichkeit offenbar zu einer allgemeinen Haltung des Neides neigt. Und tatsächlich: Bei jeder neu auszutarierenden Position zwischen der Sozialdemokratie und den konservativen oder liberalen Kräften in unserem Staat, zwischen Sozialpartnern,

Gewerkschaften und Arbeitgebern – der Vorwurf des
Neids hängt in der Luft. Wenn die einen vor dem zunehmenden Auseinanderklaffen der Schere zwischen
Arm und Reich warnen, wittern die anderen dahinter
versteckten Sozialneid. Sei es die Rentendebatte oder die
Auseinandersetzung über die Erbschaftsteuer, immer
werfen die Besitzenden den Rufern nach mehr Staat einen tatsächlich vorhandenen oder hinter all den Forderungen nach Solidarität verborgenen Neid auf den
rechtmäßig erworbenen Besitz der risikobereiten Leistungseliten vor.

Eben jene Leistungseliten konfrontierte man im
Zusammenhang mit der beginnenden Finanz- und
Bankenkrise im Jahr 2008 immer wieder mit dem Vorwurf der Gier. Die Stars des Londoner und New Yorker,
auch des Frankfurter Finanzbezirks waren diejenigen,
die immer neue virtuelle Produkte des Geldmarktes
erfunden und diese, zu Paketen geschnürt, zu Höchst-
preisen rund um den Globus gehandelt haben. Sie konnten sich dadurch Jahresgehälter in zweistelliger Millionenhöhe verdienen. Ihre Chefs in den Vorstandsetagen
wollten dem, abgesegnet durch die Aufsichtsräte, nicht
nachstehen. Bonuszahlungen und vertraglich abgesi-
cherte Abfindungen, auch bei Stellungswechsel aufgrund von Versagen, ließen das Bild des unersättlichen,
habgierigen und maßlosen Managers entstehen. Die
öffentliche Meinung und die von ihr getriebene Politik
warf den Bossen mangelnde Demut, lange nicht gehort,
vor: Sie hätten sich zu sehr entfernt von der Basis der
Gesellschaft und damit jegliche Bodenhaftung verloren.

Steuerhinterziehungen in Millionenhöhe mittels dubioser Stiftungen in Liechtenstein machten das Maß voll. Seltsam ist dabei nur, dass man den Managern vorwirft, was die ganze Gesellschaft zu prägen scheint. Ein großes Handelsunternehmen punktet seit Jahren mit dem Werbeslogan »Geiz ist geil!« und animiert die Schnäppchenjäger massenweise zum Sturm auf die Läden. Eltern jammern darüber, dass ihre Sprösslinge schon vom Kindergarten nach Hause kämen und unbedingt die Klamotten und Schuhe der gängigen Markenhersteller haben wollen, die sie bei ihren Spielkameraden gesehen hätten. Und die Autowerbung lebt davon, den Neid auf das schönere, bessere, schnellere Auto des Nachbarn zu schüren und damit die Verkaufszahlen zu steigern.

# Die sieben Laster – ein Streifzug von der Antike zur Gegenwart

Gier, Neid, Geiz und Hochmut: Mit diesen Begriffen und den durch sie bezeichneten Haltungen sind wir mitten in einen der Lasterkataloge hineingeraten, in denen Philosophen und Theologen seit der Antike die unbedingt zu vermeidenden Einstellungen aufzuzählen versucht haben. Für die Philosophen, vor allem für die Stoiker, deren Erbe wir in der christlichen Ethik und Moral zu einem guten Teil mitüberliefert haben, stehen die Laster im Gegensatz zu den vier Grundtugenden Gerechtigkeit, Klugheit, Tapferkeit und Maßhalten und werden von den vier Hauptaffekten Begierde, Furcht,

Trauer und Lust bestimmt. Die antike Philosophie hat
sich ja vor allem als Lebenskunst verstanden und nicht
als wissenschaftliches Universitätsfach in unserem modernen Sinn. Deshalb versuchte sie ganz konkrete Le-
benshilfe durch leicht erlernbare Listen und Merksätze
zu bieten.

In die Theologie kamen diese Lasterkataloge durch
das jüdisch-griechische Schrifttum. Dort wurden sie
durch die Brille des Dekalogs, also der Zehn Gebote,
und des Zwei-Wege-Schemas gelesen. An Letzteres
knüpft auch das Neue Testament an, indem es den Menschen als unter die bestimmende Gewalt zweier gegen-
sätzlicher Mächte gestellt begreift. Er steht, ähnlich wie
schon Herakles in der griechischen Sage, in entscheidenden Lebenssituationen gleichsam an einer Weggabe-
lung und muss sich für den rechten Weg entscheiden.

Durch die Kirchenväter und das Mönchtum, das
über Jahrhunderte hinweg die Spiritualität des Christentums ganz wesentlich bestimmt hat und es heute
noch in der Kirche des Ostens tut, entwickelte sich dann
im Hochmittelalter ein Katalog von sieben Lastern.
Damit man sie sich leichter merken konnte, entstand
das Merkwort *saligia*, geformt aus den Anfangsbuchsta-
ben der sieben lateinischen Begriffe *superbia* (Stolz,
Hochmut), *acedia* (Unlust, Trägheit), *luxuria* (Begehr-
lichkeit, Vergnügungssucht), *ira* (Zorn), *gula* (Genuss-
sucht, Völlerei), *invidia* (Neid, Eifersucht) und *avaritia*
(Gier, Habsucht, Geiz). Manche dieser Laster klingen
in den Ohren heutiger Menschen eher mittelalterlich
verstaubt und brauchen vielleicht eine rettende Über-

setzung im Habermas'schen Sinne, andere sind nach wie vor hochaktuell. So ist die *acedia* ein typisches Laster der Mönchstradition: Es ist damit die geistliche Lustlosigkeit gemeint, welche die ersten Mönche, Einsiedler in der heißen Wüste Ägyptens, vor allem zur Mittagszeit zu überkommen pflegte. Ich könnte mir darunter heute vor allem das vorstellen, was die jungen Leute mit »Rumhängen« bezeichnen. *Luxuria* und *gula* zusammengenommen werden vielleicht am besten mit unserem Schlagwort von der »Spaßgesellschaft« umschrieben. Damit wird ein Lebensstil bezeichnet, bei dem Hedonismus, Konsumlust und Lebensfreude im Vordergrund stehen und die soziale Verantwortung in den Hintergrund rückt. Der Boom der Comedy-Shows im Fernsehen wird als eines ihrer auffallendsten Phänomene angeführt. Die zunehmende Permissivität (Schrankenlosigkeit, Zügellosigkeit) im Bereich der Sexualität ist wohl auch ein bemerkenswertes Anzeichen dafür.

Wesentliche Elemente des alten Laster-Begriffs leben vielleicht auch im Neurose- und Narzissmuskonzept der Psychoanalyse weiter. Man nimmt an, dass fehlende und falsche Zuwendung in bestimmten Phasen der kindlichen Entwicklung zu Traumatisierungen und Fixierungen führen, die dann später in bestimmten Belastungssituationen wiederkehren. Der krankhafte Narzissmus des Einzelnen und der ganzen Gesellschaft wird sichtbar etwa im Konsumrausch, der Unfähigkeit, Wünsche aufzuschieben, in Größen- und Allmachtsphantasien und wohl auch in den zunehmenden Gewaltexzessen der

Jugendlichen, kurz: in der mangelnden Fähigkeit, andere zu lieben.

Die Beurteilung von Lastern ist im Lauf der Geschichte starken Veränderungen unterworfen. Was zu bestimmten Zeiten größte moralische Empörung hervorruft, gilt in anderen Epochen als tolerierbare Eigenart, die sogar als persönlicher Lebensstil kultiviert werden kann, sofern damit nicht die Gefährdung anderer Menschen verbunden ist. Wie können nun – unter der Prämisse des Wandels – die in der philosophischen Literatur zitierten und in den Katechismen der christlichen Kirchen tradierten Lasterkataloge für ein Konzept einer modernen Herzensbildung hilfreich werden?

Die klassische Auflistung von Lastern macht meines Erachtens nur Sinn im Zusammenhang mit einer umfassenderen Tugend- und Werteethik. Die herkömmliche Auffassung, dass durch verstandesmäßige Einsicht Normen eingehalten werden, greift nicht mehr. Emotionales Erleben und das Kultivieren von individuellen Neigungen muss in die Persönlichkeitsentwicklung des Menschen eingebaut werden, damit er auf der Basis gefestigter Grundhaltungen zu sicheren Urteilen und in sich stimmigen Handlungen kommen kann. Dazu gehören die Wahrnehmung fördernde Einflüsse, aber auch die Sensibilisierung für Gefährdungen, schlechte Vorbilder und sich verfestigende Fehlentwicklungen. Der beste Lerneffekt wird aber nur dann erreicht, wenn die positiven Gegenentwürfe plausibel dargelegt werden.

Herzensbildung beinhaltet also ethische Erziehung, beschränkt sich aber nicht auf sie. Sie zielt vielmehr auf ein frei verantwortetes, wertorientiertes Handeln, also auf die Mündigkeit des Heranwachsenden. Das Attribut der »Herzlichkeit« korrigiert dabei das Angestrengte einer reinen stoisch-kantianischen Pflichten-, Tugend- und Güterlehre und lenkt diese in Richtung Mitgefühl und Empathie in Verbindung mit einer gewissen epikureischen Leichtigkeit und Freude. Behält man dies im Hinterkopf, fällt es vielleicht auch heutigen Erziehern leichter, einen modernen, verständlichen und lebbaren Tugend- und Wertekatalog aufzustellen, der es den jungen Menschen und damit denen, die die Zukunft unseres Gemeinwesens tragen werden, ermöglicht, in einer immer komplexer werdenden Welt ein tragfähiges Wertesystem zu errichten. Und das ist ein entscheidender Punkt, verlieren doch gerade die sinnstiftenden Institutionen in Staat und Gesellschaft, die bisher die Werte quasi nebenbei mitvermittelt haben, immer mehr an Bindungskraft.

## Werte und Tugenden – Versuch einer Definition

Vielleicht tut es an dieser Stelle ganz gut, die Begrifflichkeiten ein wenig zu klären, die gerade angesichts des immer wieder lautstark bejammerten Wertewandels, gar Werteverlustes in aller Munde geführt werden. Was ist das überhaupt – ein Wert? Was sind Tugenden? Welche

sind heute noch angesagt? Welche haben einen bleibenden Wert?

Der Begriff »Wert« ist in der Ethik relativ neu, er wird
erst ab dem 19. Jahrhundert aus der Ökonomie kommend dort eingeführt. In früheren Zeiten sprach man
vom »Gut«, dem »Guten« oder lateinisch vom *bonum*.
Es ist laut Aristoteles das, wonach jeder strebt. Heute unterscheiden wir zwischen äußeren Werten, die als Mittel
ihren Wert durch ihre Funktion erhalten, also etwa Geld
oder Werkzeuge, und inneren Werten, die sich aufgrund
von Erlebnissen im Gefühl verankert haben, wie etwa
Freundschaft, Glück, Disziplin. Aus den Werten, die
eine Gesellschaft in einer bestimmten Zeit prägen, werden Regeln und Normen, also konkrete Vorschriften
für das soziale Handeln abgeleitet. In der zunehmend
globalisierten Welt wird natürlich auch die Frage nach
universellen, das heißt überall gleichzeitig geltenden
Werten gestellt. Der Soziologe Shalom Schwartz hat in
einer empirischen Studie zehn universelle Wertegrup-
pen ermittelt: Selbstbestimmung, Ansporn, Glück/Ge-
nuss, Erfolg, Macht, Sicherheit, Gruppenzusammen-
gehörigkeit, Tradition, Wohlwollen und Universalismus.
Obwohl diese Liste keine Gewichtung ausdrücken soll,
ist dennoch bemerkenswert, dass der Wert »self-direc-
tion«, also Selbstbestimmung, an erster Stelle steht. Und
darin drückt sich der überall konstatierte und viele
Menschen beunruhigende Wertewandel am eindrucks-
vollsten aus. Die ehemals zentralen Werte der Pflicht-
und Sollensethik wie Disziplin, Gehorsam, Fleiß, Füg-
samkeit u. ä. haben zugunsten der Selbstentfaltungswerte

in den letzten Jahrzehnten eine spürbare Abwertung
erfahren. Das Paradigma der Moderne schlechthin, die
individuelle Freiheit, ist zweihundert Jahre nach ihrer
ersten politischen Manifestation in der amerikanischen
Verfassung und der Französischen Revolution an der
Basis der Gesellschaft angekommen und bestimmt unser soziales Miteinander. Eine klare Abwanderung von
den großen sozialen Einrichtungen wie Kirchen, Gewerkschaften und Parteien hin zu eher »spontanen«
Bewegungen wie etwa Selbsthilfegruppen und Bürger-
initiativen, in denen der Einzelne sich in seiner Individualität besser einbringen zu können glaubt, ist fest-
stellbar.

Dieser Individualisierungsschub wird in den westlichen Gesellschaften mit der Studentenrevolte des Jahres
1968 zum ersten Mal manifest. Viele sogenannte Sekundärtugenden wie Fleiß, Treue, Gehorsam, Disziplin,
Pflichtbewusstsein, Pünktlichkeit, Zuverlässigkeit, Ord-
nungssinn und Höflichkeit kamen damals in Misskredit.
Sie wurden als preußische Tugenden apostrophiert und
abgelehnt. Ich selbst stellte in meiner Seelsorgearbeit seit
den Achtzigerjahren fest, dass der Individualismus seinen Siegeszug angetreten hatte. Ein banal klingendes
Beispiel: Es wurde immer schwieriger, Kinder und
Jugendliche, aber auch Erwachsene für die Mitglied-
schaft in einer kirchlichen Gruppe zu begeistern. Dabei
war es nicht nur die abnehmende Kirchenbindung der
Menschen, sondern genauso die Scheu, sich auf Organisationen und verpflichtende Treffen einzulassen. Die
Kirchenchöre waren zu allererst davon betroffen – und

haben schnell auf diese Entwicklung reagiert. Es ist heute fast unmöglich, Menschen zu ehrenamtlichem, oft auch sehr laienhaftem Chorsingen zu animieren. Sie fürchten, sich auf Dauer festlegen und jede Woche an einem bestimmten Abend zur Probe erscheinen zu müssen. Die Konsequenzen sind eine Überalterung der Sänger und ein Nachlassen der Qualität, was wiederum zu mangelnder Attraktivität führt. Ein Teufelskreis, der mit einer einfachen Idee durchbrochen werden konnte: War es vielleicht möglich, die Menschen für ein bestimmtes, zeitlich eingegrenztes Projekt, etwa die Krönungsmesse an Weihnachten oder die Johannespassion in der Fastenzeit, zu begeistern? Man probt bis zur Aufführung ein Stück, danach kann man sich ohne Scheu wieder verabschieden. Es klappte – und mehr noch: Mit diesem Konzept werden sozusagen alle Fliegen mit einer Klappe geschlagen. Das gemeinsame Interesse geht mit dem Eigeninteresse des Einzelnen eine zeitlich begrenzte Verbindung ein. Individuelles Vergnügen und überschaubares Engagement für die Gemeinschaft können so in Einklang gebracht werden. Und das hohe Gut der Freiheit und Selbstbestimmung, das den modernen Menschen prägt, behält den Vorrang vor Verpflichtung und Sollen.

Soweit die Annäherung an den Werte-Begriff. Was sind nun im Vergleich dazu die Tugenden? Das deutsche Wort »Tugend« hängt mit dem Verbum »taugen« zusammen, es meint also zuvorderst eine Tauglichkeit zu etwas. Das griechische Pendant *arete* und das lateinische

*virtus* verraten beide ihre Herkunft aus dem Kriegs-
handwerk. Es geht um die Tauglichkeit eines Werkzeugs
oder die Schnelligkeit eines Pferdes, die Tüchtigkeit
eines Kämpfers. Heute versteht man unter Tugend eine
Fähigkeit und innere Haltung, das Gute leicht und mit
Freude zu tun, also Werte leben zu wollen. Es kann auch
den Besitz einer positiven Eigenschaft bezeichnen. Die
klassische Philosophie zählt vier Grundtypen auf, die
sogenannten Kardinaltugenden (nach dem lateinischen
*cardo*, das Wort für Türangel): Es handelt sich um die
Klugheit, Gerechtigkeit, Tapferkeit und das Maßhalten.
Die christliche Tradition hat mit dem Apostel Paulus
noch drei sogenannte Göttliche Tugenden hinzugefügt:
Glaube, Hoffnung und Liebe, mit denen die Siebener-
zahl zum leichteren Merken und Erinnern erreicht
wurde.

Natürlich gibt es darüber hinaus noch viele andere
Haltungen, die je zu ihrer Zeit den Anspruch vertraten,
mit ihrer Hilfe ein gutes, in sich stimmiges und damit
gelingendes Leben führen zu können. So hat der katholische Religionsphilosoph Romano Guardini neben seinen in den Dreißigerjahren des vergangenen Jahrhunderts erschienenen, an die Jugend gerichteten »Briefen
zur Selbstbildung« auch eine immer noch bedenkens-
werte Sammlung von »Meditationen über Gestalten sittlichen Lebens« ediert, der er den Titel »Tugenden« gab.
Schon in der Vorbemerkung stellt Guardini fest, dass
»Wort und Begriff Tugend im Lauf der Geschichte einen
Wandel erfahren haben, bis sie den kümmerlichen Cha-
rakter annahmen, der ihnen noch immer anhaftet«. Die

Tugend wurde »brav und nützlich, bis sie den sonder-
baren Klang bekam, bei dem sich im natürlich gewachsenen Menschen innerlich etwas zusammenzieht«. Bei
Guardini geht es unter anderem um Haltungen wie
Wahrhaftigkeit, Annahme, Geduld, Ehrfurcht, Treue,
Güte, Verstehen, Höflichkeit und Dankbarkeit. Manche
dieser Begriffe wurden gelegentlich als Sekundärtugenden bezeichnet und fielen dadurch dem Verdikt
der 1968er-Bewegung zum Opfer, die sich und die
Gesellschaft von der muffigen bürgerlichen Luft der
bundesrepublikanischen Gründerjahre befreien wollte.
Auch wenn es vielen konservativen Zeitgenossen nicht
schmeckt, aber irgendwie sind wir alle von diesem freiheitlichen Grundethos, der sich in jenen bewegten Jahren Bahn brach, angesteckt worden. Denn durch ihn
wurde auch die Suche nach den wesentlichen Grund-
werten jenseits der Minimalanforderungen eines gesellschaftlichen Zusammenlebens, das sich auf Höflichkeit
und Rücksichtnahme in überkommenen Formen des
Umgangs beschränkt, gefordert und befördert.

In den letzten Jahrzehnten wurde mit Lebensformen
experimentiert, die den neu gewichteten Wert der
persönlichen Freiheit in Einklang zu bringen versuchen
mit den ganz banalen Anforderungen, die entstehen,
wenn Menschen auf engem Raum zusammenleben und
arbeiten. Natürlich wird dies auch durch die äußeren
Umstände wie Herkunftsfamilie, günstige Wohn- und
Arbeitsbedingungen, Bildungsangebote, Pflegemöglich-
keiten im Alter und andere Gesichtspunkte bestimmt.
Aber zum Prozess des Heranreifens eines Menschen

gehört, dass er sich mithilfe seines Wertekatalogs und der angeeigneten Tugenden im Unvermeidlichen einrichtet, es annimmt und gestaltet.

Zu meinem – zugegeben subjektiven – Katalog der Werte gehört etwas, das schon allein durch seine Bezeichnung mit unserer Existenz untrennbar verbunden ist, und dennoch immer wieder unter die Räder des Vergessens kommt: die Menschlichkeit, die *humanitas* Ciceros. Das deutsche Wort hat einen ethisch appellativen Beigeschmack, wir hören die Mitmenschlichkeit dazu, also die Aufforderung, mit den Menschen, mit denen wir es zu tun haben, gleichwertig umzugehen, biblisch gesprochen, den Nächsten zu lieben wie uns selbst. Die Goldene Regel, die wir als Reim kennen, anzuwenden: »Was du nicht willst, dass man dir tu, das füg auch keinem andern zu.« Oder noch verpflichtender in der positiven Fassung: »Wie du willst, dass man mit dir umgeht, so musst du auch mit anderen umgehen.« Gerade im Unterschied zur heute viel weiter gedachten Mitgeschöpflichkeit, einem Begriff, der aus der christlich ökologischen Bewegung stammt, betont die Menschlichkeit die positiven Seiten des gemeinsamen Bewusstseins, was das Menschsein im Vergleich mit der übrigen belebten und unbelebten Welt bzw. Schöpfung denn eigentlich ausmacht.

Die *humanitas* des klassischen Latein betont vor allem die sittliche und geistige Bildung. Sie ist damit etwas rationaler gefasst als die uns interessierende Herzensbildung, umfasst aber doch auch Bereiche wie menschlichen Edelmut und Ehrbarkeit, Witz, Geschmack,

Humor, Anmut, Feinsinnigkeit, Gelassenheit, Güte, Milde, Menschenfreundlichkeit, Gastfreundschaft und Großzügigkeit, kurz: die Würde und den Adel des menschlichen Geistes. Die Wiederentdeckung dieses vermeintlich im Mittelalter verloren gegangenen Bewusstseins der *humanitas*, rief in der Renaissance eine geistige Bewegung hervor, die viel später als Humanismus bezeichnet wurde, der sich am antiken Bildungs- und Schönheitsideal orientiert. Hierin wurde die Würde des Menschen gepriesen, die sich durch den Ausschluss dessen verwirklichte, was den Menschen sich selbst entfremdete. Die spätere Aufklärung klingt hier schon an mit der Mahnung Kants, dass der Mensch nie Mittel zum Zweck sein dürfe.

Dieses Postulat führt uns zum Satz des Vorsokratikers Protagoras, der Mensch sei das Maß aller Dinge. Mit dieser Absolutsetzung des Menschen haben natürlich die Religionen, allen voran das Christentum ihre Schwierigkeiten. Dort gibt es nur ein Absolutes und das ist Gott. Er gibt das Maß vor, nach dem alles geschaffen und gemessen, gewogen und beurteilt wird. Und dennoch ist gerade das Christentum diesem ureuropäischen, der griechischen und römischen Kultur entsprungenen Humanismus-Ideal am nächsten. Gott rangiert zwar in der Hierarchie der Wesen ganz oben, er ist der Herr der Welt, er hat sie geschaffen und erhält sie; dennoch, so sagt das Glaubensbekenntnis, ist er »für uns Menschen und zu unserem Heil vom Himmel gekommen, hat Fleisch angenommen ... und ist Mensch geworden«. Auch hier steht der Mensch im Mittelpunkt, er ist das einzigartige

Objekt der Liebe Gottes, sein Ebenbild, um das er sich kümmert und für das er sogar bereit ist, das menschliche Schicksal von Leiden und Tod auf sich zu nehmen – »für die Juden ein Ärgernis, für die Heiden eine Torheit«! Wahre Humanität bedeutet also gerade, den Schöpferauftrag Gottes zu erfüllen. Das Beispiel des Gottessohnes zeigt den Weg des Menschseins auf: Solidarität mit den Mitmenschen bis zur Selbstaufgabe.

Zum Menschsein gehört natürlich auch das »Menscheln«, die Fehlbarkeit, der Mangel an Vollkommenheit, das Zurückbleiben hinter den hohen und hehren Idealen, ja das bewusste Zuwiderhandeln gegen sie, die Erfahrung des Bösen, das sich in physischer und psychischer Gewalt manifestiert. *Per aspera ad astra* (durch Mühsal zu den Sternen), so lautet der Auftrag an den Menschen. Er soll sich immer wieder aufmachen zum Ziel des eigentlich Menschlichen.

Dieser stete Aufbruch hat viele Namen, im Christentum heißt er Einsicht, Reue und Umkehr. Um ihn zu ermöglichen braucht es Vergebung, Verzeihung, Verständnis oder schlicht Fehlertoleranz. Für Cicero und Seneca war dies tiefster Ausdruck der *humanitas*: *»Homo sum, humani nihil a me alienum puto«* – Ich bin ein Mensch und nichts Menschliches achte ich mir fremd. Auf welch anrührende Weise man diese Humanitätsforderung umsetzen kann, zeigt die folgende Geschichte, die man in ihrer Gänze vielleicht nur als kirchlicher Insider nachvollziehen kann, der weiß, wie viel Leid oft gerade bei Priestern das hochgehaltene kirchliche Ideal des Zölibats verursachen kann: Ein

katholischer Krankenhausseelsorger aus dem deutschen
Norden erzählte mir vor einiger Zeit, dass er seinen
Bischof durch die Klinik geführt habe. Dabei sei man
auch an der Station der HIV-Patienten vorbeigekom-
men. Der Pfarrer machte den Bischof verhalten darauf
aufmerksam, dass auch immer wieder Priester dort als
Patienten behandelt würden. Darauf habe der Bischof
geantwortet: »Nichts Menschliches ist mir fremd. Ist
gerade ein Mitbruder auf der Station? Dann besuche ich
ihn.«

Aus der Antwort des Bischofs spricht auch ein Wert,
der unbedingt zur Menschlichkeit dazu gehört: die Ehrfurcht. Es ist dies die Scheu, die Ehre eines anderen zu
verletzen. Früher wurde dieser Begriff meist in einem
rein religiösen Zusammenhang gebraucht. Man sprach
von der Ehrfurcht, die man Gott gegenüber schuldig sei,
etwa im ehrfürchtigen Verhalten beim Betreten einer
Kirche. Daher tun wir uns heute schwer, dieses Wort
und die damit verbundene Haltung in unserem säkularisierten Umfeld zu praktizieren. Vielleicht ist sie mit
dem weniger bedeutungsschweren »Respekt« besser
und leichter zu handhaben. Ich respektiere jemand anderen, auch wenn ich nicht in allem und jedem mit ihm
übereinstimme. Ich unterwerfe mich ihm nicht und bin
dennoch respektvoll. Es ist eine Haltung der »gleichen
Augenhöhe«, die nicht auftrumpft und den anderen
erniedrigt. Dabei geht auch um die Freiheit von Bewertung und Beurteilung. Einmal etwas einfach stehen lassen können, nicht gleich darüber urteilen. Souverän und
gelassen den anderen so sein lassen, wie er ist. Das be-

deutet nicht, dass ich mir das, was mir missfällt, zu eigen machen müsste; ich darf meine kritische Meinung haben, muss sie aber nicht immer gleich und sofort auf der Zunge tragen und durch unbedachte Äußerungen den anderen zur Verteidigung oder zum Zurückschlagen reizen. Noch viel mehr ist der Respekt Dritten gegenüber gefordert, die nicht anwesend sind. Viel zu oft wird ja nicht miteinander, sondern übereinander gesprochen, und dabei fällt es am leichtesten, die Ehrfurcht und den Respekt fallen zu lassen.

Die grundlegendsten Ausdrucksformen der Ehrfurcht sind wahrscheinlich Werte wie Höflichkeit und Pünktlichkeit, also die sogenannten Umgangsformen. Zu Recht wurden sie in der zu Fragen des persönlichen Stils und der Eleganz erstarrten Form früherer Zeiten als Sekundärtugenden abgelehnt. Diese Anstandsregeln dienten damals eher der kühlen Selbstdarstellung als dem lebendigen Miteinander und demonstrierten eher Oberflächlichkeit als echtes Wahrnehmen. Man fragt sich heute, ob sie in ihren peniblen und detaillierten Forderungen den Menschen dienten oder ob die Menschen ihnen zu gehorchen hatten.

Dennoch sind für gedeihliches Zusammenleben und erfolgreiches miteinander Arbeiten Minimalformen des gegenseitigen Respekts nötig. Sie sind Ausdruck der gegenseitigen Wertschätzung und helfen beim feinen Ausbalancieren von Nähe und Distanz. Damit sind sie der »Schmierstoff« in einer immer anonymer werdenden Gesellschaft. Sie bilden eine allen bekannte und zugängliche Basis gemeinsamer Rituale. Überall wo Menschen auf längere Zeit miteinander zu tun haben, entwickeln sich Regeln des Zusammenlebens; diese sind, werden sie nicht allzu starr befolgt, immer Ausdruck eines lebendigen Miteinanders, das ohne sie durch dauernd neu zu treffende Vereinbarungen nur belastet würde. Viele der ehemals so ehern befolgten Regeln des alltäglichen Umgangs sind zwar obsolet geworden – gerade durch die Emanzipation der Geschlechter – und wirken, werden sie altväterlich weiter angewandt, heute oft nur noch lächerlich. Wenn sie aber authentisch und dem Lebensgefühl moderner Menschen entsprechend gebraucht werden, können sie Ausdruck von gegenseitiger Wertschätzung und grundsätzlichem Respekt voreinander sein, Ausgangspunkt von Verständigung und Zuwendung werden und damit Vertrauen und Verlässlichkeit schaffen.

Ein Wert, den man früher wahrscheinlich gar nicht als solchen wahrgenommen hätte, scheint mir gerade von jungen Menschen als besonders wichtig geschätzt zu werden. Es ist dies die Authentizität oder, etwas salopper ausgedrückt, die Frage, ob jemand »echt« ist.

Es ist erstaunlich, wie sehr Papst Johannes Paul II. gerade von Jugendlichen akzeptiert wurde, obwohl sicher viele seiner Forderungen im Bereich der individuellen Lebensgestaltung, hier besonders der Sexualität, von ihnen nicht befolgt wurden. Hunderttausende, wenn nicht Millionen junger Menschen kamen zu den von ihm initiierten Weltjugendtagen oder versammelten sich in Rom an seinen letzten Lebenstagen unter dem

Fenster seines Studios im Apostolischen Palast und harrten aus bis zur eindrucksvollen Begräbnisliturgie auf dem Petersplatz. Ich habe noch die bewegenden Bilder von ihm in der Erinnerung, als er versuchte, beim letzten Angelusgebet ein paar Worte zu stammeln und den Segen zu spenden. »Ein hinfälliger alter Mann, und das soll das Bild unserer Kirche sein?«, dachte ich als Kleriker, der vor allem darauf bedacht ist, seine Kirche als jung und dynamisch und für die kommenden Generationen attraktiv zu sehen und darzustellen. Aber offensichtlich war es gerade der sichtbar kranke Greis, der überzeugender wirkte als all seine Worte über die Kultur des Lebens. Diesen wichtigen Teil seiner Botschaft haben alle verstanden: Nicht wer noch im Alter jung, gesund und knackig frisch auftritt, sondern wer zu sich und seiner Vergänglichkeit steht, der vermag mehr zu sagen als durch Worte. Er ist echt, er steht mit seiner Person für seine Überzeugung und kann dadurch andere überzeugen und begeistern. Und das scheint mir das große Problem vieler Menschen und der meisten Führungskräfte im öffentlichen Leben und in der Wirtschaft zu sein: Sie wirken nicht authentisch – und je mehr sie sich linkisch und eventuell durch Medienexperten geschult darum bemühen, umso weniger sind sie es. Authentizität beginnt im eigenen Leben und setzt sich fort im Vorleben dessen, was ich von anderen einfordere. Die Diskrepanz zwischen der eigenen Person und der Rolle, die einzunehmen ist, darf nur minimal sein, die Rolle und die eigene Identität müssen im rechten Maß zueinander austariert sein. Die Menschen müssen merken, dass jemand nicht durch die externen Verhaltensmuster bestimmt wird, sondern aus dem inneren Personenkern selbst. Eine authentische Person vermittelt ein Bild von sich, das als real, urwüchsig, unverbogen und ungekünstelt wahrgenommen wird.

Ein anderes Beispiel ist Bundespräsident Horst Köhler. Er war nie Politiker, deshalb ist er auch frei von den üblichen glattzüngigen Plattitüden. Seinen Fernsehansprachen merkt man es an, dass er sich schwer tut mit den Kameras und dem Teleprompter. Aber gerade dieses Unbeholfene und Holprige vermittelt Authentizität. Er braucht keinen Effekt von Echtheit. Er ist tatsächlich der erste Bürger dieser Republik, der wie viele andere auch am Heiligen Abend mit seiner Familie unter dem Christbaum steht und seinen Enkelkindern freudig beim Auspacken der Geschenke zusieht.

Liegt also vielleicht die Politikverdrossenheit, die allerorten konstatiert wird, nicht eher am Mangel an authentischen Politikern als an den Parteiprogrammen, die sie vertreten? Ich bin überzeugt, junge Menschen für die Zukunft der *res publica*, unseres Staatswesens, zu interessieren und zu einem Engagement dafür zu begeistern, hängt vor allem davon ab, ob es ihren Vertretern gelingt, den Wert der Authentizität zu erkennen und zu leben.

In eine ähnliche Richtung zielt die Frage nach dem Sinn. Sie stellt sich in der konkreten Form als Frage nach dem Sinn des eigenen Lebens. Wie sinnvoll ist mein Leben? Hat es einen Sinn? Wie kann ich ihn erkennen? Wie kann ich meinem Leben einen Sinn geben? Gerade in einer Zeit, da die Religion kaum noch Antworten auf diese Fragen zu geben vermag, wird sie für ein erfülltes und gelingendes Leben immer wichtiger. Religionen verweisen bei der Sinnfrage auf die Wirklichkeit, die sie jenseits des Materiellen verorten, im Immateriellen, Geistigen, Himmlischen, Göttlichen. Mit der Abnahme der institutionalisierten Gläubigkeit in den modernen Gesellschaften wird der Sinn zunehmend im Diesseitigen gesucht, bei der gleichzeitigen Erfahrung, dass dieses kontingent, also vergänglich ist. Der Sinn, den ich im Materiellen suche, verrinnt sozusagen zwischen den Fingern. Deshalb ist es ungeheuer wichtig, jenseits des rein Materiellen eher in Beziehungen zu anderen Menschen, in der Tätigkeit selbst und nicht in deren Entlohnung, den Gewinn an Sinn zu sehen. Jeder muss sich die Frage stellen, ob der Sinn im Äußeren, also in den von außen hinzukommenden Entitäten besteht oder im Inneren, im Wesen einer Person selbst entsteht. Damit schließt sich der Kreis zu den Bildern am Beginn dieses Kapitels. Herzensbildung wird auch eine Schule der Befreiung von Abhängigkeiten sein: Wo verankere ich den Wert meiner Person? In dem, was ich konsumiere, oder in dem, was ich bin? Erich Fromm hätte gefragt: Im Haben oder im Sein? Gelingt es, einen festen Stand in mir selbst zu haben, mich immer wieder zu befreien von den vielfältigen Versuchungen, beim Zweit- und Drittrangigen hängen zu bleiben oder zum Wesentlichen und Eigentlichen des Lebens durchzustoßen?

# LEBENSFREUDE

für die
Angstgesellschaft

*Denn ein Herz voll Freude sieht alles fröhlich an,*
*ein Herz voll Trübsal alles trübe.*
MARTIN LUTHER, TISCHREDEN

*W*irft man einen Blick auf unsere Gesellschaft, nimmt man erstaunt zur Kenntnis, dass viele Menschen trotz einer nun schon seit sechzig Jahren anhaltenden Phase des Wohlstands und Friedens in der Bundesrepublik von gravierenden Sorgen und Ängsten geplagt sind. Die Riege der Verunsicherten findet sich dabei gerade nicht nur in jener Gesellschaftsschicht, für die sich in den letzten Jahren der euphemistische Begriff »Prekariat« etabliert hat, sondern auch in der Mittel- und Oberschicht. Laut einer Umfrage von McKinsey aus dem Jahr 2005 ängstigen sich 60 Prozent der Deutschen vor einer Verschlechterung der eigenen finanziellen Lage, 58 Prozent werden von der Frage geplagt, ob sie im Alter für ihren Lebensunterhalt und die Gesundheitskosten aufkommen können, 44 Prozent haben Angst vor einer Verschlechterung ihres Gesundheitszustands, und 42 Prozent fürchten den Verlust ihres Arbeitsplatzes. Von Angst und Sorge umgetrieben zu sein gehört offenbar zu einer typisch deutschen Grundhaltung. Das Wort Angst hat als Exportartikel – häufig in der Zusammensetzung *German Angst* – sogar in den angelsächsischen Sprachgebrauch Einzug gehalten. Und unsere europäischen Nachbarn, aber auch unsere Partner in Amerika und Asien sind immer wieder erstaunt über die oft in Wellen wiederkehrende Panikmache in den deutschen Medien. Erinnert sei nur an die Vogelgrippe, den Rinderwahn, die Risiken der Atomkraftwerke und die Angst vor dem Weltuntergang durch den Klimawandel. Mag in einzelnen Fällen die Sorge berechtigt sein, so ist doch die öffentliche Erregung – zumindest in den Anfangsphasen der medialen Berichterstattung – oft genug rationalen Argumenten kaum zugänglich. Ähnliches gilt sicher auch für andere Staaten und Nationen, man denke nur an die Sicherheitsvorkehrungen in den USA seit den Terroranschlägen auf das World Trade Center oder die Fernsehbilder aus Japan von Menschen, die sich auf der Straße oder in der U-Bahn mit Mundschutz bewegen aus Angst vor Infektionen. Im internationalen Vergleich nehmen wir Deutschen aber doch einen Spitzenplatz ein.

Ängste bestimmen unser Leben, sie machen es uns oft schwer und behindern ein offenes und optimistisches Anpacken zukünftiger Aufgaben. Der Pessimismus ist ein Grundzug vieler ängstlicher Menschen, die von der Zukunft eher eine Verschlechterung der Zustände erwarten. In seinem Buch »Die Risiko-Gesellschaft« vertritt der Soziologe Ulrich Beck die These, dass unsere moderne deutsche Gesellschaft vor allem davon geprägt ist, sich gegen eventuell auftretende Risiken abzusichern. Trotz der Möglichkeiten, die uns der technische und medizinische Fortschritt bietet, trotz der finanziellen Risikoabsicherung durch alle möglichen Versicherungsgesellschaften und trotz eines eng gespannten sozialen Netzes durch den Staat und die Wohlfahrtsverbände haben die Menschen Angst vor einer ungewissen Zukunft. Die Folge ist, dass man den Kopf einzieht und untätig verharrt.

Dabei hat die Angst in der Evolution eigentlich keine lähmende, sondern eine antreibende Funktion übernommen. Seit Beginn der Entwicklung von Tier und Mensch dient sie der Vorbereitung auf ein angemessenes Verhalten, das in der Regel zu Kampf- oder Fluchtreaktionen führt. Wir sprechen etwa davon, dass einem eng ums Herz wird, wenn man in einen Angstzustand fällt. Dies umschreibt sehr gut die körperlichen Symptome, welche Ängste hervorrufen: eine erhöhte Herzfrequenz, eine schnellere Atmung und eine gesteigerte Muskelanspannung. Erst durch diese körperlichen Reaktionen werden die Voraussetzungen für eine angemessene Reaktion in Gefahrensituationen geschaffen. Angst ist also ein menschliches Grundgefühl, ein Affekt gegenüber einer unbestimmten Lebensbedrohung, und ähnlich wie der Schmerz notwendig zum Überleben.

Durch ein Übermaß an Ängsten können aber auch die Selbstachtung und das Selbstbild bedroht sein. Wir kennen als ultimative Reaktion gerade in diesen Situa-

tionen die Flucht aus dem Leben, den Selbstmord. Und
weil der Mensch von Ängsten zu Handlungen gedrängt
werden kann, gibt es natürlich auch das Spiel mit der
Angst oder die bewusste Drohung etwa im Zuge einer
Erpressung. Auch in der Kunst begegnen wir der Darstellung von Angst, so bei Franz Kafka, der sie zum
wichtigsten seiner Themen macht und bei den Surrea-
listen, die von der Psychologie der Angst beeinflusst
sind. Seit Sören Kierkegaard unterscheidet man zwischen der Furcht gegenüber einem bestimmten Objekt
und der Angst als Gefühlsbewegung, die den Menschen
vor dem Unbestimmten, gar vor dem Nichts befällt. Der
dänische Philosoph glaubte, in dieser Angst vor dem
Nichts auch die Gründe für die Wahlfreiheit und Selbst-
verantwortlichkeit des Menschen zu sehen, da er sich
sozusagen vor dem Abgrund der Leere stehend als auf
sich selbst zurückverwiesen erkennt. Sowohl die Philosophie als auch die Religion wie auch in der Moderne
die psychologischen und neurophysiologischen Wissenschaften beschäftigen sich mit ihr. Die Religion versteht
sich selbst unter anderem als eine Therapie gegen die
Grundängste des Menschen vor der unbekannten Zukunft, der Kontingenz, wie die Theologen sagen, und
vor dem unbegreifbaren Jenseits, der Transzendenz.
Eugen Biser, einer der anregendsten deutschen Theologen unserer Tage, drückt dies folgendermaßen aus: Der
Gegensatz von Glaube ist nicht Unglaube, sondern
Angst. Die Furcht vor den Göttern hat die Religiosität
der Menschen von jeher geprägt. Durch Opfer und Rituale sollten und sollen diese Ängste beruhigt und genom-

men werden. Im besten Fall verwandelt sich dabei die Angst in Ehrfurcht. Der Buddhismus, der ja eigentlich eine Religion ohne Gott ist (die Frage nach der Existenz von Göttern war Buddha herzlich gleichgültig, darin ist er dem antiken Philosophen Epikur sehr ähnlich), versteht unter seinem Zentralbegriff Erleuchtung auch die Befreiung aus der Angst um sich selbst, da das eigene Ich nach seiner Anschauung ja nur eine Täuschung sei. Der Tod als erster Schritt zur Vollkommenheit im Nirwana braucht demgemäß auch nicht gefürchtet zu werden. Das Judentum wiederum zeigt in seiner Bibel, dem Alten Testament der Christen, eine sehr schöne Entwicklung vom furchterregenden Stammes- und Kriegsgott Jahwe zur Ehrfurcht gebietenden und die Menschen liebenden Universalgottheit für die ganze von ihm geschaffene belebte und unbelebte Welt. Sein Wort und seine Weisung zu einem ihm gemäßen Leben unter Einhaltung seiner Gebote sind höchster Ausdruck dieser gegenseitigen Liebe. Ein Vers aus dem berühmten Psalm 118 bringt es auf den Punkt: »Die Furcht des Herrn ist aller Weisheit Anfang – *Initium sapientiae timor domini.*«

Dieser Bibelvers verweist aber gleichzeitig auf die ambivalente Bedeutung und Wirkung des Begriffes Furcht. Das Christentum hat denn auch in seiner Praxis über weite Strecken diesen anderen Aspekt betont: Die Angst vor dem Gericht Gottes überlagerte in der Verkündigung oft die angstlösende, befreiende Botschaft der Evangelien. Die Kirchen konnten der Versuchung nicht widerstehen, mithilfe ihrer Höllenpredigten die Jenseitsangst zu schüren und so die Herrschaft über die

Seelen der Menschen auszuüben. Die Reformation eines
Martin Luther oder Johannes Calvin wäre ohne die be-
drängende Frage: »Wie kriege ich einen gnädigen Gott?«
oder das Problem der ewigen Verdammnis, die womög-
lich seit Ewigkeit vorherbestimmt ist, nicht nötig oder
möglich geworden. Schon der Apostel Paulus kämpfte
gegen die Angst als Triebfeder der Religiosität an, wenn
er im Römerbrief schreibt: »Ihr habt nicht einen Geist
empfangen, der euch zu Sklaven macht, sodass ihr euch
immer noch fürchten müsstet, sondern ihr habt den
Geist empfangen, der euch zu Söhnen macht, den Geist,
in dem wir rufen: Abba, Vater!« Wer Anteil hat am Verhältnis Jesu zu seinem Gott, wie ein Sohn zu seinem
Vater, der ist zu wahrer Menschlichkeit befreit. Die
Erlösung des Menschen besteht also darin, die Liebe
Gottes stärker als alle Angst um sich selbst zu erfahren,
ja sogar stärker als den Tod.

# Drei Grundängste und ihre
# Auswirkungen auf unser Leben

In der Antike bildeten sich zwei Philosophenschulen,
die sich mit den Affekten, den Gefühlen, zu denen ja
auch die Angst zählt, auseinandersetzten: die Stoiker
und die Epikureer. Beiden gemeinsam ist die Hochschätzung von Apathie bzw. Ataraxie. Dies bedeutet
ein Freisein von Affekten und Leidenschaften bzw. das
Erlangen von Seelenruhe, Gleichmut und Harmonie.
Die Stoa, so wird die philosophische Bewegung nach

einer Athener Säulenhalle, in der sich ihre Jünger trafen, benannt, baute ihre Ethik auf die Unabhängigkeit von den vier Hauptaffekten Begierde, Lust, Angst und Trauer auf. Der Weise, der gemäß der Natur, also auch gemäß der Vernunft lebt, zeichnet sich durch den Gleichmut aus. Er lässt sich durch ein bloßes Gefühl, wie etwa die Angst, nicht aus seiner »stoischen Ruhe« bringen. Obwohl dieses Ideal die Ethik des Römischen Reiches wesentlich geprägt hat und auch im Christentum noch wirksam blieb, sind wir doch etwas verhalten ihr gegenüber, da sie vor allem den Verstand anspricht, von positiver Lebensfreude wenig zu spüren ist und eine gewisse Herbheit und Strenge ausstrahlt. Viel sympathischer scheint dagegen Epikur. Wie den Stoikern ging es auch ihm um das Ich des Menschen, dessen möglichst vollkommener Glückszustand (die Griechen prägten dafür den Ausdruck *Eudämonie*) begründet werden soll. Die Betrachtung und Ergründung der Natur kann nur das Ziel haben, dem Menschen die größtmögliche, ruhigste und ungetrübteste Freude des Daseins zu deuten und den Weg zu ihr aufzuzeigen. Da das griechische Wort für Freude, *hedone*, auch mit »Lust« übersetzt werden kann, gerieten die Epikureer schon in der Antike in Verdacht, sie seien Genießer und Prasser, Wollüstlinge und raffinierte Egoisten, kurz: Hedonisten. Genau das Gegenteil ist der Fall. Nicht aus Schmausen und Zechen, so schärft Epikur ein, oder aus unterschiedslosem Liebesgenuss schöpfen wir die erstrebenswerte wahre Freude. Auch auf Reichtum, Ehren und Einfluss ist kein Wert zu legen, und in die Politik wird man sich nur einmischen,

wenn man dazu gezwungen wird. Wie also erlangt der
Epikureer nun diese Freude? Im Grunde durch die Befreiung von der Angst vor drei Phänomenen des Lebens:
der Furcht vor dem Schmerz, vor den Göttern und vor
dem Tod. Die Angst vor den Schmerzen – oder wie wir
vielleicht sagen würden, vor dem Leiden – ist für Epikur
die erste und häufigste Ursache für den Mangel an
Lebensfreude. Deshalb muss man alles unternehmen,
um selbst versursachtes Leiden zu vermeiden. Dies geschieht vor allem durch den rechten Umgang mit den
eigenen Bedürfnissen: Werden sie als notwendig erkannt, müssen sie erfüllt werden; sind sie nicht notwendig, können sie erfüllt werden; und wenn sie der
menschlichen Natur widersprechen, dürfen sie nicht
erfüllt werden. Ein schöner griffiger Ausspruch Epikurs
zur Genügsamkeit, der ebenfalls mit dem Missverständnis des Hedonismus aufräumt, lautet: »Des Fleisches
Stimme ist: Nicht hungern, nicht dürsten, nicht frieren!
Wer das besitzt und erwarten kann, dass er es auch in
Zukunft besitzt, könnte sogar Zeus die Glückseligkeit
streitig machen.« Zum nicht selbst zugefügten Schmerz,
etwa infolge einer Krankheit, kann auch Epikur nur
raten, ihm zum Trotz das Leben im Sinne der Lebensfreude zu gestalten.

Die Natur besteht für unseren »Philosophen des Gartens« aus Atomen. So auch die Seele des Menschen, die
beim Tod wieder in diese Bestandteile zerfällt. Es gibt
für Epikur also kein Weiterleben nach dem Tod, was
aber nicht zur Minderung der Lebensfreude führt, im
Gegenteil: »Das schauerlichste aller Übel, der Tod, hat

also keine Bedeutung für uns; denn solange ›wir‹ da sind, ist der Tod nicht da. Wenn aber der Tod da ist, dann sind ›wir‹ nicht da. Er hat also weder für die Lebenden noch für die Toten eine Bedeutung; denn für die einen ist er nicht da, die anderen sind für ihn nicht mehr da. Aber die Leute fliehen manchmal vor dem Tod, weil sie ihn für das größte Übel halten; manchmal verlangen sie auch nach ihm, weil er alle Übel des Lebens beendet. Der Weise aber weist weder das Leben zurück, noch fürchtet er sich davor, nicht zu leben. Denn ihm ist weder das Leben eine Last, noch glaubt er, es sei ein Übel, nicht zu leben.«

Die dritte Furcht, die den Menschen bedrängt, ist diejenige vor den Göttern. Für Epikur ist die Existenz der Götter evident. So wie jedermann von Geburt an Schmerz vermeidet und Lust und Freude begehrt, so hat jeder, selbst derjenige, der ihr Dasein leugnet, eine angeborene Vorstellung von ihnen. Auch sie bestehen aus Atomen, allerdings sind sie unveränderlich und ewig glückselig, wenn sie vollkommene Wesen sind. Ein unvergängliches und unbedingt glückseliges Wesen aber »hat weder selbst Sorgen, noch bereitet es einem anderen Schwierigkeiten. Es kennt keine Wutausbrüche, noch bedarf es Gunsterweisen; denn alles Derartige gibt es nur bei schwachen Wesen.« Die Götter sind für Epikur also nicht wie in der herkömmlichen griechischen Mythologie strafende und dem Menschen feindlich gesonnene Wesen. Es gibt keinen Grund, sie zu fürchten oder sie durch Opfer gnädig stimmen zu wollen, denn sie werden in das menschliche Leben nicht eingreifen.

Der Mensch ist auf sich selbst gestellt, aber er hat die Möglichkeit, durch ein selbstbestimmtes Leben ähnlich wie die Götter glücklich zu werden.

Ich habe Epikur deshalb so ausführlich dargestellt, weil er trotz der zeitlichen Ferne von über zweitausend Jahren in seinen Fragestellungen sehr modern anmutet. Auch uns geht es um die weitgehende Freiheit von Schmerz. Ich denke dabei nicht nur an die Schmerztherapie der Medizin, sondern an die vielfältigen Behinderungen eines glücklichen, erfüllten Lebens, die wir mit allen möglichen Mitteln aus unserem Leben fernhalten wollen. Epikur ist viel zu sehr Philosoph in der Nachfolge des Sokrates, um dabei das Maßhalten, die Mutter aller Tugenden, nicht aus dem Auge zu verlieren. In der Mitte, gleich weit entfernt vom Übermaß und vom geizigen Zu-Wenig, findet er den Weg zum Glücklichsein. In einem Brieffragment schreibt er sinngemäß seinem Freund Anaxarchos: »Ich empfinde in meinem hinfälligen Körper ein Höchstmaß an Genuss, wenn ich Wasser und Brot zu mir nehme, und ich spucke auf jene Lustempfindungen, die durch aufwendige Mittel hervorgerufen sind. Nicht weil sie grundsätzlich verwerflich wären, sondern wegen der fatalen Folgen für Geist und Körper.«

Auch das Thema Tod ist für uns moderne Menschen ein brennendes. Wir haben Angst, uns damit auseinanderzusetzen, blenden ihn aus unserem Alltag aus. Er ist ein Nicht-Thema und deshalb latent überall präsent. Epikur kann darüber reden und auch seine Witzchen reißen, weil er ihn nicht fürchtet. Dabei ist es offenbar gleichgültig, ob man an ein Weiterleben nach dem Tod glaubt oder nicht. Uns Moderne schreckt ja die Hölle als Möglichkeit der ewigen Gottferne auch nicht mehr. Warum haben wir also Angst vor dem Gevatter Hein? Der Tod mahnt uns, ein sinnvolles, erfülltes, die Alten würden sagen, glückliches Leben zu führen. Bei Epikur heißt das: »Wie man auch beim Essen nicht die größte, sondern die wohlschmeckendste Portion wählt, so soll man auch nicht eine lange, sondern eine erfüllte Zeit des Lebens erstreben.«

Was das Verhältnis zum Jenseits, zur Religion, zum Glauben an Gott angeht, mutet Epikur ebenfalls recht zeitgemäß an. Wie er haben viele unserer Zeitgenossen ein deistisches Gottesbild. Deismus bezeichnet die Anschauung, dass Gott zwar existiert, aber seit der Schöpfung nicht mehr in das Weltgeschehen eingreift. Für gläubige Christen oder Muslime, die an einen personalen, ansprechbaren Gott als Gegenüber des Menschen glauben, ist das sicher in einem rein epikureischen Sinn nicht akzeptabel. Aber das Bemühen um Freiheit von Angst vor einem strafenden und die Menschen verurteilenden Gott ist auch ein Thema für die Theologen unserer Tage. Gerade das Christentum mit seiner Botschaft eines mit den Menschen solidarischen Gottes, der in seinem Sohn Leiden und Tod auf sich nimmt, zeigt doch, dass vor allem die Liebe das Wesensmerkmal der Beziehung Gottes zu den von ihm geschaffenen Menschen darstellt. Da haben Angst und Zittern keine Daseinsberechtigung, hingegen Ehrfurcht, Lobpreis und vertrauensvolle Zuflucht durchaus. Epikur kann auch da

ein Wegweiser sein, sagt er doch, »es sei ein Zeichen von
Weisheit, zu den Göttern zu beten, nicht weil die Götter
sich ärgern, wenn wir es nicht tun, sondern im Bewusstsein der Tatsache, dass sie Wesen sind, die uns an Stärke
und Klugheit weit übertreffen«.

# Think positive –
## das Streben nach Glücksseligkeit

Was haben diese Ausführungen zur Philosophie des
Epikur nun aber mit Herzensbildung zu tun? Mir ist
er seit einigen Jahren als ein Weiser der Angstbewältigung neu ins Bewusstsein gerückt gegenüber der doch
manchmal etwas dürren Pflichtenethik der Stoiker.
Auch wenn viele Phänomene der kollektiven Angst unserer Gesellschaft fast hysterische Züge annehmen können, gehört sie, wie wir gesehen haben, als Grundkonsti-
tuens zum Menschen. Sie verhilft ihm zum Überleben,
mit ihr müssen sich alle denkenden und fühlenden
Menschen auseinandersetzen. Wir haben andererseits
auch gesehen, dass Ängste das Herz eng machen. Wenn
sie das Leben dominieren, wird sich das Herz wohl auch
zunehmend verhärten. Nur eine aktive Integration der
Angst in unser Gefühlsleben und eine gedankliche Beschäftigung mit ihr kann uns ein ausgeglichenes und
gelingendes Leben ermöglichen, uns das Herz weit öffnen für die Vielfalt und Schönheit des Lebens.
   Das eigene Leben sinnvoll zu gestalten und gut zu
führen ist offensichtlich ein schwieriges Unterfangen,

das nicht so leicht gelingen mag. Davon zeugt die vielfältige Ratgeberliteratur unserer Tage ebenso wie die zahllosen mündlichen und schriftlichen Überlieferungen der Weisen und Gelehrten früherer Zeiten. Es geht hier wie dort um das Glück des Menschen und wie er es erlangen kann. Glück oder Glückseligkeit ist nach dem spätantiken Philosophen und Staatsmann Boethius »der durch die Vereinigung aller Güter vollendete Zustand«. Es ist die Erfüllung menschlichen Wünschens und Strebens, diese Überzeugung zieht sich durch alle Jahrhunderte des Nachdenkens über das Glücksstreben des Menschen. Seit der amerikanischen Unabhängigkeitserklärung von 1776 ist das Glücksstreben mit der Forderung nach dem *pursuit of happiness* sogar in den Rang eines Menschenrechtes erhoben worden.

Dabei ist der Glücksbegriff gar nicht so eindeutig, wie auch unser Sprachgebrauch erkennen lässt. Wir kennen das momentane Glücksgefühl genauso wie die andauernde, gar ewige Glückseligkeit, für die die religiöse Sprache den Begriff des Heils bevorzugt. Wenn es sich um ein äußeres Geschehen handelt, dann gibt es den glücklichen Zufall oder eine zu dauerndem Lebensglück verhelfende Schicksalswende, bis hin zum Glück im Lotto oder bei sonstigen Glücksspielen. Der Volksmund behauptet: »Jeder ist seines Glückes Schmied« und drückt damit die Erfahrung aus, dass Glück haben sowohl von äußeren Umständen als auch von individuellen Einstellungen und der Selbstbejahung in einer gegebenen Situation abhängt. Ich möchte dies mit einer kleinen Anekdote veranschaulichen: Als mir einmal ein

Gesprächspartner zu dem Erfolg gratulierte, den ich bei der Entwicklung der Andechser Betriebe gehabt hatte, entgegnete ich, dass ich halt Glück gehabt hätte, zur rechten Zeit an den richtigen Platz beordert worden zu sein. Darauf der andere: »Pater Anselm, Glück hat man nur einmal!« Denn es komme darauf an, was man selbst daraus mache, um dem glücklichen Moment Dauerhaftigkeit zu verleihen.

Für Psychologen und Pädagogen werden die entscheidenden Weichen für ein Leben, das geprägt ist von stabilen und glücklichen Beziehungen zu anderen Menschen, in der Herkunftsfamilie gestellt. »Wer sich als Kind sicher aufgehoben fühlte, wird als Erwachsener besser mit konfliktreichen Situationen, aber auch mit Alltagsproblemen fertig. Ja, er wird schon in der Schule und als Jugendlicher weniger Schwierigkeiten mit Gleichaltrigen haben und emotional belastbarer sein. In einer Partnerschaft werden diese Menschen sich eher öffnen, aufeinander eingehen, sich Raum geben, zusammenhalten und sich fallen lassen können, weil sie sich geborgen fühlen und vertrauen können« (Rainer Gödtel). Schon unser guter alter Epikur hatte als eines der höchsten Glücksgüter das Geschenk der Freundschaft geschätzt. »Von dem, was die Weisheit für die Glückseligkeit des gesamten Lebens bereitstellt, ist das weitaus größte der Erwerb der Freundschaft.« Sein Schülerkreis, dem, ungewöhnlich für das dritte Jahrhundert vor Christus, die Gattinnen der Mitglieder, andere Frauen und sogar Sklaven angehörten, bildete einen großen Freundesbund, in dem die Weisheit des Lehrers in der Praxis des

Alltags gelebt werden konnte. Freundschaft hatte in einer patriarchalischen Gesellschaft, in der die Ehe vor allem den Zweck der Erziehung der Nachkommenschaft und der ordnungsgemäßen Verwaltung des Haushalts diente, einen sehr großen Stellenwert. »Wir freuen uns ja über das Glück unserer Freunde genauso wie über unser eigenes und leiden gleichermaßen unter ihren wie unter unseren Ängsten. Deshalb wird der Weise genauso für einen Freund empfinden wie für sich selbst und dieselben Anstrengungen, die er für seine eigene Freude unternimmt, auch für die des Freundes auf sich nehmen« (Cicero, »De finibus«). Und der Glücksforscher Stefan Klein bringt es so auf den Punkt: »Nicht beim Fernsehen, sondern in einem freundschaftlichen Gespräch erfahren wir die Tiefe unserer Gefühle.« Partnerschaft und Freundschaft sind, sollen sie glücken, ganz wesentlich auf die Pflege einer guten Beziehung angewiesen, die eben nur durch Erleben von Zuwendung schon in der eigenen Kindheit gelernt werden kann. Dies geschieht auch durch Zeichen der nonverbalen Kommunikation wie Berühren, Streicheln, Umarmen. Wer dies in der Kindheit nicht als Glückserfahrung erleben durfte, wird sich selbst schwer tun, diese Gesten an die eigenen Kinder, Freunde und Partner weiterzugeben.

Gerade die oben schon angeführte amerikanische Verfassungsforderung nach dem Ermöglichen des Glücksstrebens der Menschen zeigt, dass es auch eine Aufgabe von Staat und Gesellschaft ist, das Glück der Bürger zu ermöglichen. Eine Untersuchung über die Zufriedenheit Schweizer Kantonalbewohner hat als

Ergebnis gezeitigt, dass das magische Dreieck aus Bür-
gersinn, sozialem Ausgleich und dem Bewusstsein, das
eigene Leben selbst in der Hand zu haben, ganz wesentlich zum Wohlbefinden der Menschen beiträgt.

# Entwurzelung als
# Phänomen der Moderne

Bei meinem Antagonisten Epikur finde ich einen weiteren wichtigen Aspekt zum Thema Herzensbildung.
Wie die Quellen berichten, scharte er seine Freunde in
einem »auffallend schönen« Garten um sich. Dieses
Umfeld war für ihn und seinen von Gleichmut und Gemütsruhe, oder wie er selbst sagte, »Meeresstille« des
Geistes, geprägten Freundeskreis von hoher Wichtigkeit
für die Pflege ihrer praktischen Wissenschaft. Wir alle
haben schon die Erfahrung gemacht, dass es nicht nur
Zeit braucht, um sich nicht zu verlieren im Fluss der
vielfältigen Möglichkeiten, sondern auch einen Raum,
in dem man wenigstens eine Zeit lang einwurzeln kann.
Für Benedikt von Nursia war in seiner Epoche der
Völkerwanderung und der beginnenden Auflösung der
tragenden Strukturen des römischen Weltreichs die *stabilitas* eine der Kultur schaffenden Säulen seiner *regula*.
Meist wird unter *stabilitas* die Ortsbeständigkeit verstanden, die den Mönch an ein bestimmtes Kloster bin-
det – auch mit der Mahnung des Verfassers, nicht zu viel
draußen herumzulaufen, denn das sei für Mönche überhaupt nicht gut. Deshalb bestimmte Benedikt auch, ein

Kloster sei so anzulegen, dass sich alles Notwendige, nämlich Wasser, Mühle und Garten, im Innern befände. Eigentlich bedeutet *stabilitas* aber die Beständigkeit in der Gemeinschaft, also das Einwurzeln in den lebendigen Organismus einer klösterlichen Gemeinschaft, vielleicht das, was wir Heimat nennen. Ein Begriff, der lange verpönt war durch die Missinterpretation in einer heillosen Zeit. Heimat hat etwas mit dem Boden zu tun, auf dem man lebt, vor allem aber mit der Kultur, die von den Menschen meist unbewusst geschaffen und gepflegt wird. Heute haben wir erkannt, dass Kultur immer schon ein lebendiger Prozess des Austauschs mit anderen Kulturen war. Allein unsere hochgeschätzte abendländische, europäische Kultur wäre ohne ihre Wurzeln im alten Orient, ohne die Begegnung mit dem Islam im Mittelalter und ohne die Anregungen aus der Zeit der Entdeckungen zu Beginn der Neuzeit nicht zu denken.

Carl Orff, neben Richard Strauß der einzige international bekannte bayerische Komponist des 20. Jahrhunderts, antwortete auf die Frage eines Besuchers kurz vor seinem Tode, warum er denn in der Andechser Klosterkirche beerdigt werden wolle: »Die Leute, die mein Grab besuchen, sollen sehen, wo ich daheim bin.« Er, der mit dem Eröffnungschor seiner weltweit nach wie vor ständig aufgeführten »Carmina Burana« die Glücksgöttin mit ihrem Symbol, dem sich drehenden und Heil und Unheil bringenden Rad, besungen hat, wollte seine Verbundenheit mit der christlichen, bayerischen, durchaus den leiblichen Genüssen nicht abgeneigten, bodenständigen Lebensart zum Ausdruck bringen. Sie hat ihn hervorgebracht und geprägt, ihr verdankt er seine Inspirationen und seinen Erfolg. Und wenn man heute das Fernsehprogramm aufschlägt, findet man beim Bayerischen Rundfunk eine populäre Daily Soap mit dem Titel »Dahoam is dahoam«. Ich glaube, es ist eher der Titel als die manchmal sehr seichten Stories, der diesen Erfolg herbeigeführt hat. Es ist die Sehnsucht nach der Verwurzelung im überschaubaren, bekannten Lebensraum, von der gerade angesichts der kulturellen und ökonomischen Globalisierung die Menschen voller diffuser Gefühle träumen. Wenn wir sie nicht den Kräften von gestern überlassen wollen, müssen wir aktiv und gestaltend darauf eingehen.

Heimat finden wir auch in bestimmten Ritualen. Nach meinem nicht ganz schmerzfreien Ausscheiden aus dem Kloster und der anfänglichen, zugegebenermaßen unbeholfenen Ablehnung durch die diözesanverfasste Kirche fühlte ich mich kirchlich heimatlos, ja fast verstoßen. Zumal die Glaubensgewissheiten meiner Jugend am Ende meiner Klosterzeit ihre unhinterfragte Selbstverständlichkeit längst eingebüßt hatten. Heimat fand ich jedoch im Gottesdienst, der ja überall fast nach dem gleichen Ritus verläuft, von unbedeutenden, aber eher sympathischen lokalen Eigenheiten abgesehen. Das gemeinsame Singen der bekannten Lieder, das Sitzen, Stehen, Knien, das Sprechen der altvertrauten Gebete, das Hören der Predigt, der Empfang der Kommunion, das Weihwassernehmen beim Eintritt in den Kirchenraum, all das machte mir deutlich, dass ich in der katholischen Kirche zu Hause, auf bayrisch »dahoam«, bin und dass mir dieses Heimatrecht im Letzten niemand nehmen kann. Im übertragenen Sinn heißt das: Wir brauchen feste Formen, um uns in menschlichen Gemeinschaften zurechtzufinden und wohlzufühlen, sei es die bürgerliche Kleinfamilie oder der geregelte Ablauf einer festlichen Veranstaltung. Nach der weitgehenden Ablehnung vieler traditioneller Formen in der Zeit nach 1968 feiern diese wieder fröhliche Urständ. Wenn die turbulenten Jahre der Studentenrevolte gegen den Muff in den Talaren dazu geführt haben, diesen Muff zu vertreiben und die Talare zu entstauben, soll es recht sein. Auch Formen und Riten brauchen schließlich einen gelegentlichen Frühjahrsputz, sollen sie von den Menschen in ihrer Sinnhaftigkeit verstanden, als Lebenshilfen erkannt und freudig vollzogen werden.

Rituale und Räume weisen auf eine Grundgegebenheit des Menschen hin, auf seine Körperlichkeit. Wir existieren nicht nur als Geistwesen, sondern sind mit Leib und Seele auf dieser Welt präsent. Es scheint banal, darauf hinzuweisen. Dennoch gibt es immer wieder Perioden in der Geschichte des Menschen und seiner Selbstbewusstwerdung, die den Körper gegenüber dem Geist in eine untergeordnete, minderbewertete Rolle verweisen wollen. Eigenartigerweise sind wir in dieser ambivalenten Haltung dem Körper gegenüber ausgerechnet Kinder der griechischen Antike, die den Kult des schönen Köpers hochhält, ihn aber gleichzeitig zum Gefängnis der Seele erklärt. Diese nicht ganz eindeutige Einstellung zum Körperlichen prägt heute noch das Christentum. Obwohl nach der biblischen Schöpfungslehre Gott den Menschen mit Leib und Seele geschaffen hat »und sah, dass es gut war«, und obwohl der Gottessohn einen menschlichen Leib annahm, wird dieser doch als Einfallstor für die Versuchungen des Bösen angesehen. Es stimmt zwar, dass der Geist die Führung des Bewussten übernimmt, aber der Geist braucht den Körper, das Gehirn, die Nerven, die Sinne, die Extremitäten, den Kehlkopf, um überhaupt wirksam werden zu können. Deshalb muss auch der Körper mit der nötigen Aufmerksamkeit und Sorgfalt bedacht werden. Der berühmte und oft zitierte Spruch des lateinischen Dichters Juvenal »*Mens sana in corpore sano*« (ein gesunder Geist in einem gesunden Körper) besagt, dass sich beides ergänzen muss. Nicht umsonst fordern Gesundheitspolitiker unserer Tage die Menschen auf, das Körperbewusstsein zu pflegen und auf genügend Bewegung zu achten. Ich selbst war in Kindheit und Jugend völlig unsportlich, hatte außer dem Skifahren und dem Schwimmen eigentlich keine große Freude an der Bewegung. Ich denke, meiner im schönsten Fall als »barock« zu bezeichnenden Figur sieht man das heute noch an. Aber in den letzten Jahren ist mir bewusst geworden, dass die Gesundheit schon mehr braucht, als nur zu Hause vor den Büchern, dem PC und dem Fernsehgerät zu sitzen. Entscheidend ist hier einmal mehr, das rechte Maß zu finden. Denn manchmal habe ich heute das Gefühl, dass die Sorge um einen schönen und athletischen Körper wichtiger ist als die Bildung des Geistes und damit des Herzens. Juvenals Spruch gilt ja eigentlich vor allem umgekehrt: Nur wer einen gesunden, trainierten, weiten Geist besitzt, wird sich auch in rechter Weise um die Gesundheit seines Körpers kümmern.

Ich habe zu Beginn dieses Kapitels die Basisemotion Angst und ihre körperlichen Symptome erwähnt. Positiv umgekehrt kann man auch sagen: Wer sich in seinem Körper, in seiner Haut wohlfühlt, der wird auch weniger anfällig sein für die vielfältigen Ängste, die den Menschen bedrängen und ihm das Leben schwer machen. Eine positive Einstellung kann ich mir natürlich auch selbst verordnen mit dem Kommando »Think positive!« Das Schmunzeln auf den Gesichtern derjenigen, die da ihre leisen Zweifel hegen, kann ich mir gut vorstellen. Einfach nur den Schalter »umzuswitchen« wird auf Dauer nicht ausreichen. Es braucht mehr dazu. Ich denke, dazu gehört die Ausbildung eines aufmerksamen Herzens, das hinhört auf die vielfältigen Möglichkeiten, für sich und andere Freude und Gelassenheit als Quellen der Angstbewältigung zu entdecken. »Glück auf!« ist der alte Gruß der Bergleute, und sie haben wahrlich Grund genug, sich in der dunklen Bedrohtheit ihres beruflichen Alltags Glück zu wünschen. Sie wissen aber auch, dass Glück nicht nur von außen kommt, sondern dass man seinen Teil dazutun muss.

# VERTRAUEN

## für die
## kontrollierte Gesellschaft

> *»Nur zwischen Glaube und*
> *Vertrauen ist Friede.«*
> FRIEDRICH SCHILLER

V ertrauen ist gut – Kontrolle ist besser!« Wer kennt diesen Spruch nicht oder hat ihn in seinem Leben nicht schon einmal ausgesprochen? Er steht für ein grundsätzliches Misstrauen, das wir gemäß einem anderen Sprichwort »trau, schau, wem« anderen Menschen gegenüber glauben an den Tag legen zu müssen. Dieses »gesunde Misstrauen« prägt, so kommt es mir vor, mehr als früher unsere Gesellschaft – was vielleicht auch mit unserer freiheitlich-demokratischen Ordnung zu tun hat. Demokratie in der modernen repräsentativen Form gründet ja mehr auf Misstrauen denn auf ihrem Äquivalent, dem Vertrauen. Die Formulierung »checks and balances« deutet darauf hin, man gehe davon aus, die verschiedenen Machtzentren eines demokratischen Staates müssten sich durch gegenseitige Kontrolle ständig in Schach halten, um eine einseitige Machtverschiebung zu verhindern. Montesquieu, der in Erinnerung an den griechischen Historiker Polybios mit seiner Beschreibung der römischen Verfassung diesen Grundsatz der Gewaltenteilung in der Neuzeit wieder gefordert hatte, gilt als Vater dieser konstitutionell verordneten Misstrauenskultur, der die Angst zugrunde liegt, eine Person oder ein System könnten dazu neigen, ihre Funktion zu missbrauchen.

Im Alltags- und Berufsleben entsteht Misstrauen oft aus Unkenntnis oder aus Befangenheit aufgrund von Klischees und Vorurteilen. Mich hat erschüttert, als mir ein früherer Mitbruder über einen Geschäftspartner einmal mitteilte, er misstraue diesem grundsätzlich, schließlich sei er ja ein Geschäftsmann. Aus diesem Satz spricht die Angst, in dieser bösen Welt, fern der schützenden Klostermauern, immer nur hintergangen und betrogen zu werden. Wenn eine derartige Haltung im Wirtschaftsleben vorherrschen würde, wäre ein gedeihliches Zusammenarbeiten nicht mehr möglich. Dennoch macht sie zunehmend Schule. Nicht umsonst hört man den nostalgischen Seufzer, früher habe man Geschäfte noch per Handschlag besiegeln können; heute seien selbst wasserdichte Verträge keine zuverlässige Geschäftsgrundlage mehr.

In unserer immer komplexer gewordenen Welt ist durch immer größere Unübersichtlichkeit und Anonymität tatsächlich eine Zunahme von Misstrauen zu konstatieren. Nicht nur in der Politik, in allen Lebensbereichen ist daher eine Zunahme der Kontrolle festzustellen. Alles wird überprüft, nachgeprüft und überwacht, allenthalben gibt es Qualitätskontrollen, nicht nur in den Fertigungsabteilungen der Produktionsstätten. Auch selbst ernannte, scheinbar unfehlbare Institutionen des Verbraucherschutzes wie die Stiftung Warentest oder ähnliche Organisationen unterziehen alles und jedes der Kontrolle. Und der Staat verfällt jedes Mal in einen Kontrollrausch, wenn Lebensmittelskandale, BSE oder die Vogelgrippe sich auch nur andeuten – ein Phänomen, das sich nach einigen hektischen Wochen und Monaten fast in Nichts auflöst. In Betrieben wachen Heerscharen von Controllern über die Wirtschaftlichkeit ihres Unternehmens, wobei selbst die Theorie besagt, dass sie diese gar nicht garantieren können. Gestützt durch ein ausuferndes Berichtswesen, das mithilfe einer Fülle von Formularen und Kennzahlensystemen die Planungs- und Budgetsicherheit stärken soll, folgt denn auch in der Praxis oft genug das böse Erwachen: Auch die Controller konnten weder Pleiten noch Korruptionsfälle der jüngsten Zeit verhindern. Deshalb installierten die Firmen nun neue Kontrollorgane der Unternehmensethik, die Compliance Officers, grob gesagt, die Kontrolleure der Controller. Sie sollen sich um die juristische und ethische Unbedenklichkeit aller Vorgänge im Unternehmen kümmern.

Wohlgemerkt, ich möchte mit der Kritik an diesen Auswüchsen des Kontrollwahns hier nicht einem blinden naiven Vertrauen das Wort reden. Der Spruch »Vertrauen ist gut – Kontrolle ist besser« beinhaltet ohne Zweifel viel Wahrheit. Nur: Er besagt, dass durch angemessene Kontrolle Vertrauen begründet und hergestellt und gerade eben nicht untergraben werden soll. Vor einiger Zeit hielt ich einen Vortrag vor den Vertriebspartnern eines großen Autoherstellers. Dabei zitierte ich eher beiläufig die Feststellung des berühmten Soziologen Niklas Luhmann, Vertrauen reduziere Komplexität. Diese Aussage sorgte, zumindest bei den Spitzenmanagern des Unternehmens, für Furore. Es klang wie eine große Neuigkeit in den Ohren der Führungskräfte, die offensichtlich im betrieblichen Alltag durch mangelndes Vertrauen eine Zunahme der Komplexität erfahren hatten – untereinander, aber auch im Kontakt mit den Geschäftspartnern. Luhmann konstatiert denselben Effekt aber auch bei Misstrauen. Deshalb fordert er eine Balance: Das Misstrauen darf das Vertrauen nicht dominieren – dann entstehen nämlich Ängste und daraus resultierend das Bedürfnis, vielerlei Kontrollmechanismen einzuführen, die das menschliche Miteinander verkomplizieren.

## Glauben und Vertrauen
## gehören zusammen

Trotz oder gerade wegen dieser deutlichen Präsenz von Misstrauen und Kontrolle in unserer Alltagswelt ist festzuhalten, dass beide Begriffe nur die eine, negative Seite der Medaille darstellen. Der eindeutig positiv besetzte und damit von allen ersehnte Zustand ist der des Vertrauens. Es ist dies die Einstellung, einem anderen zu trauen, von ihm nichts Böses zu erwarten. Und darüber hinausgehend die Geneigtheit, den anderen für charakterlich zuverlässig zu halten, sodass seinen Worten und seinen Versprechen Glauben zu schenken sei. Damit sind wir auch schon mitten in der religiösen Dimension dieses Begriffsfelds. Glauben und Vertrauen gehören zusammen. Die Theologie spricht von der *fides quae*, dem Glauben an bestimmte Wahrheiten, Gott, Dreifaltigkeit, Gottessohnschaft Jesu usw., und der *fides qua*, dem Vertrauen, das ein ganz persönliches Verhältnis zwischen Gott und Mensch betrifft. »Ich glaube an Gott« ist ein im Wesen rationales Verstehenwollen, dagegen steht: »Lieber Gott, ich vertraue Dir!« Diese Aussage hat mit dem Einfühlen, der Erwartung, nicht enttäuscht zu werden, auf Gott bauen zu können, zu tun. Das eine wird von der Vernunft geboten, das andere im Herzen bewegt. Es geht, religiös überhöht, um das Urvertrauen, das des Kindes zur Mutter, zum Vater, das fest in unserer evolutionären Gen-Struktur verankert und in der menschlichen Kultur überliefert ist. So verwenden wir auch in unseren Gottesreden gerade diese Bilder der Vater-Mutter-Kind-Beziehungen! Jesus ist der Sohn Gottes ... durch die Taufe werden wir zu Kindern Gottes ... in uns seufzt der Geist, Abba, Vater ... usw.

Die vorreformatorischen Konfessionen der Christenheit kennen das Urvertrauen, das die Marienfrömmigkeit als mütterliche Seite des schon seit dem Mittelalter als sehr männlich dominiert empfundenen Gottesbildes hervorruft. Die moderne feministische Theologie versucht deshalb auch die weibliche Seite der aus dem Orientalischen stammenden Bilderwelt des Alten Testaments freizulegen und für heutige Frauen (und Männer) verstehbar zu machen. Die wunderbare, leider immer sehr verniedlichend ausgelegte Stelle aus dem Markusevangelium nimmt dieses Urvertrauen des Kindes als Vorbild für das Verhältnis des Menschen zu Gott: »Lasst die Kinder zu mir kommen, hindert sie nicht daran! Denn Menschen wie ihnen gehört das Reich Gottes. Amen, das sage ich euch: Wer das Reich Gottes nicht so annimmt wie ein Kind, der wird nicht hineinkommen.« So wie ein Kind vom Vertrauen auf seine Eltern lebt, das noch weitgehend frei ist von den Erfahrungen, die zum »gesunden Misstrauen« führen, so kann der Mensch auf seinen Herrgott vertrauen. Wem es gelingt, diese empathische Ebene des vertrauten und vertraulichen Du, wie der jüdische Theologe Martin Buber betont, aus der Kinderzeit in sein Erwachsenenleben herüberzuretten, der wird dieses Vertrauen auf Gott als einen Grundakt des Daseins hilfreich für ein gelingendes und glückendes Leben erfahren, jenseits allen Reibens an Konfessionen, Kirchen und religiösen Organisationen.

Wenn man die Geschichte des Christentums betrachtet, wird man feststellen, dass dieses Urvertrauen, das bedingungslose Vertrauen auf Gott, periodisch abnahm und erst durch die Rückbesinnung auf die ursprüngliche Bedeutung des Wortes »Glauben« wiedergewonnen werden musste. Nichts anderes meint vielleicht das, was Martin Luther mit dem biblischen Begriff der Rechtfertigung beschrieb: Der Mensch des Mittelalters konnte seinem Gott nicht mehr »blind« vertrauen und verschaffte sich deshalb Heilsmittel, mit deren Hilfe er seinen Anspruch auf das ewige Heil absichern wollte. Dies waren Wallfahrten, Fastenbräuche, Heiligenverehrung, Bußübungen, aber auch sozusagen »gekaufte« Heilsmittel wie Mess-Stipendien, Reliquien und Ablässe, also all das, was die Reformatoren dann in Bausch und Bogen als »Werkerey« auf die Müllhalde der Christentumsgeschichte werfen wollten. Luthers vierfache Forderung *»Solus Christus, sola scriptura, sola gratia, sola fides«* (Christus allein, die Schrift allein, die Gnade allein und der Glaube allein) drückt dies auf den Punkt gebracht aus. Die letzte Forderung nach der *sola fides* könnte man durchaus auch mit »bedingungsloses Vertrauen« übersetzen. Mich hat seit meiner Studienzeit aber ein anderer Ausspruch Luthers fasziniert, der dieses Vertrauen auf die Gnade Gottes jenseits aller Schuldfähigkeit des Menschen noch pointierter zum Ausdruck bringt: *»Pecca fortiter, sed crede fortius!«* (Sündige tapfer, aber glaube tapferer!). Missliebige Antilutheraner haben dies natürlich gern als Aufforderung zur Sünde gedeutet. Aber ist damit denn etwas anderes geschildert als das Verhalten des gütigen Vaters, der ohne einen Ton des Vorwurfs seinen verlorenen Sohn wiederaufnimmt, wie Jesus es im Gleichnis des Evangeliums schildert?

Warum aber ist in der Geschichte des Christentums diese Szene des Urvertrauens immer wieder vergessen und durch das Streben nach Machterhaltung verdunkelt worden? Nun, unsere moderne Gesellschaft ist weitgehend säkularisiert, und viele Menschen werden sich wie der Philosoph der Frankfurter Schule, Jürgen Habermas, als »religiös unmusikalisch« bezeichnen. Aber alle sind wir auf das Vertrauen als eine Basis des menschlichen

Miteinanders angewiesen. Vertrauen ist nie eine bloße Meinung vom anderen, sondern ein mit ihm eingegangenes persönliches Verhältnis. Vertrauen ist damit ein Stück weit ein Wagnis, dessen Eingehen allerdings dazu beitragen kann, im anderen den Willen zur Rechtfertigung des ihm entgegengebrachten Vertrauens zu stärken. Dafür bedarf es eines Vertrauensvorschusses, auch wenn ich immer wieder schlechte Erfahrungen damit machen werde. Und trotzdem ist und bleibt es eine der Grundlagen menschlicher Verbundenheit: in Familie, Ehe, Partnerschaft, Freundschaft und in der Liebe. Wir sprechen vom Vertrauen zwischen dem Patienten und seinem Arzt, und auch dort, wo ansonsten Zwecküberlegungen vorherrschen, im Arbeits- und Wirtschaftsleben oder in der Politik, wird Vertrauen als ethisch-menschliche Komponente gefordert. Denn Vertrauen ist hier die Voraussetzung von Kontinuität und Krisenfestigkeit. In der seit Mitte 2008 anhaltenden Wirtschaftskrise wurde neben der Gier der Manager als Erstes der Verlust an Vertrauen in die Führungskräfte von Wirtschaft und Politik konstatiert. Dieses müsse vorrangig wiederhergestellt werden. Aber wie?

## Klarheit, Transparenz und Fairness – ein Plädoyer für mehr Offenheit

Ein erster Ansatz einer Antwort kann mit folgenden Begriffen umschrieben werden: Offenheit, Klarheit, Wahrhaftigkeit und Ehrlichkeit, sowie mit dem aus der

englischen Adelsethik stammenden Begriff Fairness.
Auch ist damit gemeint, was wir mit dem heute oft gehörten Wort Transparenz benennen. Dabei geht es gar
nicht so sehr um die Durchsichtigkeit, also den gläser-
nen Bürger und Mitmenschen, dessen Verhältnisse und
Beziehungen total offengelegt werden müssen. Nein, die
*privacy*, um ein weiteres englisches Wort einzuführen,
muss gewahrt bleiben. Und doch muss ich mich, um
Vertrauen herstellen zu können, ein Stück weit öffnen,
muss bereit sein, von mir etwas preiszugeben, dem anderen mit »offenem Visier« zu begegnen. Gerade das
macht es ja so schwierig, mit notorisch misstrauischen
Menschen ins Gespräch zu kommen: Dass sie nichts
und niemanden an sich heranlassen, sich abschotten,
»zumachen«. Da fällt es schwer, zu ihnen ein Vertrau-
ensverhältnis aufzubauen.

Was im Kommunikationsgeschehen zwischen Menschen abläuft, bedarf der Klarheit und Wahrhaftigkeit.
»Euer Ja sei ein Ja und euer Nein ein Nein«, sagt Jesus im
Evangelium und lehnt damit die Notwendigkeit der
Eidesleistung ab. Der Eid und seine Strafbewehrung ist
ja tatsächlich der größte Beweis von grundsätzlichem
Misstrauen gegenüber den Menschen vor den Schranken des Gerichts. Klar und eindeutig soll die Rede sein,
ohne »gespaltene Zunge«, welche die Indianer bei den
Weißen wahrnahmen, deren Vertragsauslegungen und
-brüche ihnen unverständlich, weil in ihrem Kulturkreis unbekannt waren. In unserem eigenen Kulturkreis
wurde ein geschärftes Bewusstsein für die Notwendigkeit von Transparenz deutlich, als die Korruptionsge-

neigtheit der global agierenden Großkonzerne bekannt wurde. Nicht in unmittelbar kausalem, aber zeitlichem Zusammenhang damit wurde die Forderung nach Offenlegung der Managergehälter erhoben. Es ist nicht nur zweifelhaft, ob diese Maßnahme zu dem führt, was mit Transparenz eigentlich gemeint ist. Sondern auch, ob dies nicht sogar zu einer weiteren Schleife in der Misstrauensspirale führt. Unsere Kultur ist eine andere als die nordamerikanische, wo wirtschaftlicher Erfolg zum Ausweis gehört, ein Teil von »god's own country« zu sein, wo man stolz darauf ist, sein Gehalt öffentlich zu verkünden, was nicht sofort den Neid der anderen hervorruft, sondern diesen vielmehr Ansporn ist, es den Gutverdienenden gleichzutun. Bei uns würde eine derartige Transparenz wohl eher zu führen, bestimmte Anteile der Vergütung zu verstecken und anderweitig zu deklarieren, also eher die Verschleierung als die Offenlegung fördern.

Eine erzwungene Offenlegung von Gehältern, um bei diesem Beispiel zu bleiben, untergräbt einen entscheidenden Aspekt: nämlich das Zusammenspiel von Ehrlichkeit und Wahrhaftigkeit, das im Idealfall vorauszusetzen wäre. Durch die Wahrheitsliebe, auch wenn sie unbequem ist, wird Vertrauen mehr gefördert als durch Schnüffeln und Ausforschen. Gerade in den Firmen ist das Vertrauen zwischen den Führenden und den Geführten eine wesentliche Basis einer guten Unternehmenskultur. Und das Führen mit Werten vermag den langfristigen, nachhaltigen und damit dauerhaften Erfolg zu versprechen. Dort wo Grabenkämpfe und

Mobbing herrschen, kann kein Vertrauen wachsen, die
Menschen werden sich nur misstrauisch beäugen und
versuchen, ihre eigenen Positionen zu stärken. Wenn es
stimmt, dass die Hälfte der Zeit von Vorständen mit in-
nerbetrieblicher Politik vergeudet wird, nur um zu verhindern, dass andere an einem vorbeiziehen, und dafür
zu sorgen, dass man selbst fest im Sattel bleibt, wird
deutlich, warum in vielen Bereichen Sachorientiertheit
zu kurz kommt. Welch ungeheure Entlastung, wie viel
weniger Stress für den Einzelnen könnte es bedeuten,
wenn ich meinem Kollegen, Vorgesetzten, Mitarbeiter
mehr vertrauen könnte! Wenn alle dazu bereit wären,
wenn Vertrauen also die Kultur eines Unternehmens
prägte! Dann könnte nicht nur der Unternehmenser-
folg, sondern auch die Freude daran bei allen Beteiligten
und damit deren Engagement gesteigert werden.

Warum also erziehen wir unsere zukünftigen Führungskräfte nicht zu einer höheren Vertrauenskultur,
sondern fördern durch ständiges Konkurrenzdenken –
schon im Schulalter – das Misstrauen und daraus resul-
tierende Fehlhandlungen? Dabei ist es doch evident,
dass nicht misstrauische Konfrontation, sondern vertrauensvolle Kooperation hilft, Energie im zwischenmenschlichen Miteinander zu sparen und vernünftig
dort einzusetzen, wo es sich lohnt: bei der Ausrichtung
auf gemeinsame Ziele. Das gilt ja für unser ganzes Verhalten, beginnend in der Familie, vom Kindergarten über
die Schule, den Beruf bis zum Freizeitbereich. Wenn gegenseitiges Vertrauen herrschen könnte, würde diese Zeit
sinnvoller für andere Ziel verwendet werden können.

# Mut zur Treue haben –
# zu sich selbst und anderen

Neben dem Glauben gehört zum Vertrauen auch die Treue. Es geht um Verlässlichkeit, die »die fließende Zeit überdauert«, wie es Romano Guardini etwas pathetisch formuliert. Er konstatiert aber auch, dass es dieses Wort in unserer Zeit schwer hat, echt zu klingen.

Bei Goethe noch ist es nicht nur der Verdienst, sondern vor allem die Treue, die das Fortdauern der Person über den Tod hinaus wahrt, wie es in »Faust II« heißt. Bei der Treue geht es um eine feste Bindung zwischen Menschen, auf die der andere »vertrauen« kann. Dies kann ausdrücklich geschehen wie etwa bei einem Vertrag oder durch das Verhalten wie in einer Freundschaft. Wir reden zum Beispiel von Bündnistreue im politischen Bereich und von der Vertragstreue im ökonomischen, juristischen und zivilen Zusammenleben. Am meisten strapaziert wird dieses Wort aber wohl im Zusammenhang mit Ehe und Partnerschaft. Im Zeitalter der sequenziellen Monogamie, das heißt der gegenseitigen Treue für einen bestimmten Lebensabschnitt, wird es schwierig, die früher auf Dauer geschlossene eheliche Bindung als für immer verbindlich zu propagieren. »Bis dass der Tod euch scheidet« war die klassische Formulierung bei der Eheschließung. An die Stelle des Todes ist bei der Hälfte der heute geschlossenen Ehen die Scheidung getreten. Lebenslange Treue ist wohl auch durch die lange Lebensdauer, befördert durch die moderne Medizin, schwieriger geworden. Die oben angeführte sequenzielle Monogamie gab es früher auch. Man braucht nur Boccaccios »Decamerone« zu lesen: Dort treten Männer oder Frauen auf, die bis zu siebenmal hintereinander verheiratet waren. Nur war es eben tatsächlich der Tod, der dies ermöglichte, ja wegen der Versorgungslage der Frauen nötig machte. Heute sind nicht nur die Scheidungsraten gestiegen, sondern auch die Zahl der Austritte aus den kirchlichen Orden und Klöstern. Ich glaube, dass auch der Rückgang der Eintritte zu einem Großteil auf die Angst vor der lebenslangen Bindung zurückzuführen ist. Man wird auch hier neue Formen finden müssen, die diesen Empfindlichkeiten unseres demografischen Wandels entgegenkommen. Die Ehe auf Zeit ist schon Realität, das Mönchtum auf Zeit wird, wie in den asiatischen Kulturen schon seit Langem üblich, auch unser christliches Klosterwesen verändern.

Alle Erhebungen der Soziologen beweisen, dass trotz aller gegensätzlich scheinenden Phänomene zum Mindesten für diese Sequenzen die traditionellen Werte wie Treue und gegenseitiges Vertrauen und das füreinander Einstehen ersehnt und hochgehalten werden. Wir werden in Zukunft Modelle entwickeln müssen, wie wir diese Treue auf Zeit leben und bewerten. Es wird Rituale der Trennung geben müssen, die das gesellschaftlich legitimierte Ende von Beziehungen erlebbar machen und so den Betroffenen helfen, die Traumata, die damit verbunden sind, zu heilen. Rosenkriege mit schrecklichen gegenseitig zugefügten Verletzungen bilden die negative Folie dieses Postulats. Auch das Scheitern von Beziehungen zwischen Menschen und deren humane Lösung wird ein Lernfeld der Herzensbildung werden. Ansätze sind ja schon vorhanden durch die Professionalisierung von Begleitung, Supervision und Mediation.

So wie es Treue unter Personen und Loyalität zu Organisationen gibt, sprechen wir auch von Prinzipientreue. Man kann jemandem vertrauen, der seinen Grundsätzen treu bleibt. Dessen Lebens- und Handlungsmaximen sich nicht wie die Fähnchen im Wind sofort an sich verändernde Umstände und Zeitläufe anpassen. »Man muss«, sagt Aristoteles, »im Blick auf ein herrschendes Prinzip leben und sein Verhalten nach der Energie dieses Prinzips richten.« Und doch bekommt jemand, der sich ausschließlich daran hält, vor unserem inneren Auge sofort etwas Trockenes und Verknöchertes. Prinzipien neigen dazu, sich in Schlagstöcke gegen Andersdenkende zu verwandeln, und prinzipientreue Menschen werden leicht zu Prinzipienreitern. Wer die Benediktsregel liest, nach der zu leben ich die bisher längste Sequenz meines Lebens, nämlich dreißig Jahre, die Freude hatte, ist erstaunt, wie ihr Verfasser im 6. Jahrhundert, während der äußerst unruhigen Völkerwanderungszeit, seinen Abt ermahnt, diese Regel immer wieder anzupassen an den jeweiligen Ort und die Zeit mit ihren kulturellen Eigenarten. Ohne diese Mahnung, ja diese Verpflichtung zur Flexibilität, hätte sich diese Klosterregel nicht über 1500 Jahre als heute noch lebbare Organisationsform halten können. Nur weil sie sich jedem Kulturraum anzupassen vermag, gelingt es, die darin enthaltenen Prinzipien wie Beständigkeit im Wandel, Friedfertigkeit, Gastfreundschaft, Hörbereitschaft, Dienen als Herrschaftsform und das Zulassen der individuellen Talente als Mittel zur Gestaltung einer Wertegemeinschaft heute in New York, Oberösterreich, Indien und China genauso zu leben wie damals in Italien und Gallien.

Es geht also nicht darum, Prinzipien und Grundsätze ständig zur Disposition zu stellen, ganz dem Wort Konrad Adenauers entsprechend: »Was interessiert mich mein Geschwätz von gestern«, sondern sie lebendig weiterzugeben gemäß jenem anderen Spruch: »Nicht die Asche ist zu bewahren, sondern die Glut.« Eine gesunde Balance zwischen Treue zu den eigenen Prinzipien, die auch Verlässlichkeit vermittelt, und der Flexibilität, die weiß, wann sie wie weit von Prinzipien absehen darf, ja muss, das gehört zu einem Menschen mit Herzensbildung. Er kennt seinen Ermessensspielraum und wird ihn ganz gemäß dem Biophilieprinzip, das dem Lebendigen den Vorrang vor allem Papierenen gibt, zugunsten der konkreten Menschen ausnützen. Sogar das katholische Kirchenrecht, das ja immer wieder als Schreckgespenst der pastoral orientierten Seelsorger dienen muss, hat als Prinzip die weite Auslegung zugunsten der Menschen in ihre *canones* aufgenommen, fordert stets die Wahrung von Billigkeit und Liebe und schließt mit dem Satz, das Heil der Seelen müsse in der Kirche immer das oberste Gesetz sein. Das rechte Maß zu finden im Umgang mit der Treue zu den eigenen Prinzipien, die Flexibilität zu praktizieren, ohne die Glaubwürdigkeit

zu verlieren, bildet das Fingerspitzengefühl eines ver-
trauenswürdigen Menschen.

Misstrauen entsteht aufgrund von Unwissenheit, daraus resultierender Unsicherheit und dadurch sich breit-
machender Angst. Daher braucht es als erste vertrauens-
bildende Maßnahme eine gelungene Kommunikation.
Das lateinische Wort *communicare* bedeutet eigentlich:
etwas gemeinsam tun. Der tiefere Sinn des Wortes meint
also nicht das Reden um des Redens willen, das Gerede
oder das Geschwätz. Kommunikation heißt für den
Philosophen Karl Jaspers das In-Verbindung-Sein von
Menschen, das hörende, Anteil nehmende und verantwortlich tätige Geöffnetsein des Menschen für den anderen; oder kurz: *communio*, Gemeinschaft. Kommunikation hat auch eine stumme Seite. Man muss nicht
immer alles thematisieren. Manchmal werden Ideen
oder Vorhaben auch zerredet, und man dreht sich im
Kreis. Dann heißt es zu handeln oder eine Situation
auszuhalten, so wie sie ist. Kommunikation wird tiefer,
wenn ihr die Wahrnehmung, das Hören, Fühlen und
Spüren vorausgehen, Nicht so sehr das bloße Reden
bringt die Menschen zusammen, sondern das Gespür
füreinander, das ein gutes Gespräch begleitet. Jeder
weiß: Einen Freund erkenne ich daran, wenn auch einmal gar nichts gesagt zu werden braucht. Wenn geredet
wird, wird noch lange nicht kommuniziert.

Man kann das sehr gut beobachten in Organisationen. Ein Klassiker bei Mitarbeiterbefragungen in Unternehmen ist die Kritik: »Ich fühle mich schlecht infor-
miert.« Dabei sind die meisten Chefs ehrlich davon

überzeugt, dass sie ausreichend über die Vorgänge und Absichten berichten. Doch es handelt sich dabei oft um ein Missverständnis: Die Mitarbeiter haben nicht das Bedürfnis nach offiziellen Zahlen und Daten. Die kann man nachlesen. Was fehlt, ist das Gefühl, einer Gemeinschaft anzugehören. Für ein gutes Gemeinschaftsgefühl darf deshalb die informelle Kommunikation nicht zu kurz kommen. Oft kommuniziert man auf der Sachebene, die menschliche Ebene, die erst Vertrauen schafft, wird aber vernachlässigt. Kommunikation ist eben nicht gleich Kommunikation. Martin Buber, der Philosoph des Dialogs, wie er oft genannt wird, ist der Meinung, dass die Menschen sich gegenseitig allzu oft etwas vormachen. Man redet über Dinge, um die es nicht wirklich geht. Dann wird aneinander vorbeigeredet, es werden Scheingespräche geführt. Ein Dialog ist etwas anderes. Es ist die Begegnung von Mensch zu Mensch. Der vor Kurzem gestorbene Ralf Dahrendorf, der ehemalige deutsche Politiker, später Mitglied des englischen Oberhauses, war Professor in Oxford. Sein Gebiet war die Konfliktforschung. Er resümierte über den Ursprung von Konflikten zwischen Menschen und zwischen Staaten: »Konflikte entstehen durch Kommunikation und können nur durch Kommunikation gelöst werden.« In unserer globalisierten Welt erleben wir eine zunehmende Mobilität der verschiedenen Ethnien. Flüchtlingsströme, ob politisch, etwa durch Bürgerkrieg, oder sozial motiviert, durch Hunger und Verelendung machen den westlichen Industrienationen zunehmend zu schaffen. Heute haben wir es nicht mehr nur mit den

Gastarbeitern der Wirtschaftswunderzeiten zu tun, sondern, wie man es etwas euphemistisch umschreibt, mit Menschen mit Migrationshintergrund. Die Sensibilität für die damit verbundene Problematik steigt spürbar. Davon zeugt die zunehmende Präsenz rechtsextremer Gruppierungen genauso wie die anhaltenden Proteste der einheimischen Bevölkerung gegen den Bau von öffentlich sichtbaren Moscheen. Fremdenfeindlichkeit entsteht aus der Angst vor dem Fremden, der *Xenophobie*. Schon die Antike war mit diesem Phänomen konfrontiert. Dort ging man das Problem an durch genau geregelte Formen der Gastfreundschaft, der *Xenophilie*. Der Fremde hatte das Recht, sich drei Tage im Privathaushalt seines Gastfreundes aufzuhalten, danach bedurfte es dessen ausdrücklicher Verlängerung. Nur durch langsame Annäherung, ein Kennenlernen und damit das Entstehen gegenseitigen Vertrauens, konnte das grundsätzliche Misstrauen gegen Angehörige fremder Kulturen beseitigt werden. Da uns die Begegnung mit Fremden in Zukunft immer mehr beschäftigen wird, ist es unerlässlich, über die gesellschaftspolitischen und zwischenstaatlichen Lösungen hinaus Techniken des wachsenden gegenseitigen Vertrauens heranzubilden. Dies kann, um Konflikte zu vermeiden, wie oben schon angeführt, nur durch Bemühung um Kommunikation geschehen. Damit diese zustande kommt, braucht es einen grundsätzlichen gegenseitigen Vertrauensvorschuss. Und der kann nur durch Bildung und Formung einer »weltmännischen« Persönlichkeit gewährleistet werden. Dazu gehören heutzutage eine grundsätzliche

Weltoffenheit und die schon andernorts erwähnte Toleranz. Allerdings ist festzuhalten: *tolerare* heißt tragen
und ertragen. Tolerant kann ich nur sein, wenn ich selbst
mit beiden Beinen auf festem und sicherem Boden stehe.
Zur Toleranz gehört also ganz wesentlich die Kenntnis
der eigenen Kultur und Tradition. Dann kann ich von
einem festen Standpunkt aus den Standpunkt der anderen wahrnehmen und verstehen.

Ich kann mich des Eindrucks nicht erwehren, dass
gerade diejenigen, die militant und gewaltbereit fremden Kulturen gegenübertreten, ihre eigene Kultur nicht
sehr gut kennen. Unsere abendländische Kultur ist entstanden aus einem langsamen Zusammenwachsen verschiedener Strömungen, zu denen die semitischen Wurzeln des Christentums genauso gehören wie das aus dem
alten Orient überkommene, durch Griechen und Römer
vermittelte Menschheitswissen, germanische und kelti-
sche Traditionen ebenso wie der im Mittelalter gar nicht
so geringe Einfluss des Islam, bis hin zur europäischen
Aufklärung des 17. und 18. Jahrhunderts, ohne die wiederum unser modernes Wissenschaftsverständnis nicht
denkbar wäre. Nur eine gute Kenntnis der eigenen Wurzeln befähigt uns zum Verstehen alles Fremden, und nur
eine gute Portion Vertrauensvorschuss befähigt uns zu
einer bewussten Kommunikation, die Misstrauen ab-
baut und Verständnis füreinander fördert.

Das Losungswort der französischen Revolution war
»*liberté, egalité, fraternité*« (Freiheit, Gleichheit, Brüderlichkeit). Die beiden ersten Begriffe sind uns modernen
Menschen sofort zugänglich, kennen wir sie doch aus

unseren Verfassungen und Grundrechtskatalogen. Die Brüderlichkeit bleibt dagegen eigenartig unbestimmt, fast romantisch und unkonkret. Sie kann meines Erachtens auch als ein Ausdruck der Sehnsucht nach Vertrauen gelesen werden. Nicht nur der einklagbare Rechtsanspruch soll Freiheit und Gleichheit garantieren, sondern auch das Gespür für die Zusammengehörigkeit der Menschen eines Volkes, eines Staates, ja der ganzen Menschheitsfamilie, die lernt, gesätes Misstrauen zu überwinden und den ersehnten Frieden durch wachsendes Vertrauen möglich zu machen.

# GELASSENHEIT

## für die
## Erregungsgesellschaft

*Gott, gib mir die Gelassenheit, Dinge hinzunehmen,*
*die ich nicht ändern kann, den Mut,*
*Dinge zu ändern, die ich ändern kann, und die Weisheit,*
*das eine vom anderen zu unterscheiden.*

REINHOLD NIEBUHR

*E*s ist eine Erfahrung, die wir beinahe täglich machen: Irgendwo regen sich die Menschen immer über etwas auf, und diese Erregung wird öffentlich gemacht – bei Versammlungen und Demonstrationen, auf selbst gemalten Plakaten, in ganzseitigen Anzeigen, spaltenübergreifenden Leserbriefen. In Talkshows wie der von Anne Will, bei »hart, aber fair«, oder dem Dauerbrenner des bayerischen Fernsehens »Jetzt red I« wird diese ins Öffentliche gewendete persönliche Betroffenheit kultiviert und zu einem erfolgreichen Sendeformat eingedampft. Ein ganzer Berufszweig des Journalismus verdankt der Neigung moderner Menschen, ihrer Empörung hörbaren Ausdruck zu verschaffen, seine Existenz. Sendemasten, Flugplatzerweiterungen, Hotelprojekte, Golfplatzplanungen, Zusammenlegungen von Schulen oder der Bau von Autobahnen, all das kann

Anlass geben, Empörung zum öffentlichen Ereignis zu machen. Internetforen und Webblogs ermöglichen es den Menschen weltweit, ihrer Erregung über globale Themen Luft zu verschaffen, sich über Protestmöglichkeiten auszutauschen und zu Aktionsgruppen zusammenzuschließen. Die spektakulären Auftritte von Greenpeace, Attac und anderen Aktivisten bündeln stellvertretend für die Masse der Fernsehzuschauer die Empörung gegen die als übermächtig empfundenen Global Player der international agierenden Großkonzerne und staatenübergreifenden politischen Organisationen. Überall dort, wo sich die Mächtigen der Welt treffen, etwa bei Konferenzen der G8 oder des internationalen Währungsfonds, tummeln sich auch die Erregten dieser Erde.

Im kleineren überschaubaren Raum von Ehe und Familie merke ich sehr oft am Empörungspotenzial der Eltern gegenüber Schule und Lehrer, wie sehr sich die Zeiten im Vergleich zu meiner eigenen Schulzeit verändert haben. Wenn ich zu Hause erzählt hätte, dass ich im Unterricht gemaßregelt wurde (das ging früher noch mit dem Rohrstock oder dem berüchtigten Ziehen an den Koteletten), hätten die Eltern noch eins draufgelegt und mich mithilfe ähnlicher Methoden spürbar ermahnt, brav und eifrig bei der Sache zu sein. Heute müssen Lehrer beim kleinsten Anzeichen einer gewissen Strenge fürchten, ein Disziplinarverfahren durch die klagefreudige Elternschaft angehängt zu bekommen. Hier ist etwas aus den Fugen geraten, hier ist die Relation nicht mehr gewahrt (ohne dass ich mir mit mei-

ner Kritik nun frühere Erziehungsmethoden zurück-
wünschte, ganz und gar nicht!). Nein, was ich meine, ist,
dass die Anzeichen des Wertewandels in unserer modernen Gesellschaft im Großen wie im Kleinen deutlich
spürbar sind. Seit der Aufklärung und ihrer Entdeckung
der individuellen Freiheit ist die freie Entfaltung des
Individuums und seiner Möglichkeiten der oberste
Wert unserer westlichen Welt. Staatliche, gesellschaftliche oder religiöse Institutionen wie die Kirchen werden
dabei oft als Behinderung empfunden. Sie können nur
dann auf Akzeptanz hoffen, wenn sie nachweisen, dass
sie die Freiheit fördern, anstatt sie einzuengen. Eine Entwicklung, die im Positiven wie im Negativen in den
Sechzigerjahren einen deutlichen Schub erfuhr. Am
Anfang des bewegten Jahrzehnts hatte der berühmte
Satz von John F. Kennedy noch Gehör gefunden und Be-
wunderung erregt: »Frage nicht zuerst, was die Gesellschaft für dich tun kann, sondern frage zuerst, was du
für die Gesellschaft tun kannst.« Allerdings: Allein die
Tatsache, dass sich Kennedy zu dieser Äußerung veranlasst sah, zeigt schon an, dass ihr Inhalt nicht mehr
selbstverständlich war. Kurze Zeit später war es dann
auch zu Ende mit der Akzeptanz der Institutionen, der
Wandel von den Pflicht- und Akzeptanzwerten zu den
Selbstverwirklichungswerten unserer Tage kam in Gang.
Während progressive Studenten alte Zöpfe abschneiden
wollten, sprachen konservative Menschen, die einen
derartigen Wandel vor allem als Bedrohung ihrer eigenen Einstellung zum Leben und seiner Gestaltung empfanden, vom Verfall der Werte. Subjektiv erlebten sie

diese Phase auch als ein Zusammenbrechen oder langsames Zerbröseln all dessen, was ihnen bisher heilig war. Bisher tragende Werte lieferten nun nicht mehr für alle gleichermaßen ein System ihrer Handlungsbegründungen. Nicht mehr Werte wie Disziplin, Gehorsam, Pflichterfüllung, Treue und Fleiß charakterisierten die Gesellschaft, die neuen Schlagworte hießen Emanzipation, Gleichbehandlung, Demokratie, Autonomie, Spontaneität, Ungebundenheit usw. Der moderne Mensch spricht nicht so sehr von seinen Pflichten, sondern pocht auf seine Rechte. Abzulesen ist dies besonders deutlich an der Einstellung gegenüber Ehe und Familie. Das gewachsene Bedürfnis nach Selbstverwirklichung, das sich vor allem im Freizeit- und Konsumverhalten erleben lässt, wirkt sich auf die Familienplanung aus. Kinder bedeuten Bindung, behindern die Selbstentfaltung, daher wird ihre Zeugung zurückgestellt. Das Konzept des »schönen Lebens« ist dringlicher als irgendeine bürgerliche Pflicht früherer Epochen. Mit Zähnen und Klauen wird daher jedes Zipfelchen dieses neu gewonnenen Hauptwertes Individualität verteidigt und mit aller Vehemenz jede noch so geringfügig erscheinende Bedrohung öffentlich denunziert und bekämpft. Dafür ist man bereit, zusammen mit anderen auf die Barrikaden zu steigen und die dabei verteidigte Individualität zugunsten gemeinsamen Agierens ein Stück weit zu opfern.

Nun ist Engagement für eine gute Sache, und das ist ja das hohe Gut der Freiheit zweifellos, grundsätzlich zu befürworten. Auch das Aufstehen aus der politischen Lethargie und der Einsatz für die Beseitigung eines

Missstandes sind zu begrüßen. Was sauer aufstößt, sind die Dauererregten, die keine Gelegenheit auslassen, um immer und überall ihr kleines Stückchen Freiheit für bedroht und angegriffen zu erklären und lauthals nach den vermeintlich Verantwortlichen zu rufen. Dabei geht es oft genug gar nicht um die Sache an sich, sondern um die eigene Profilierung. Politiker aus der zweiten oder dritten Reihe neigen besonders häufig dazu, ihre Präsenz in den Medien dadurch zu sichern, indem sie sich öffentlich über manchmal banalste Dinge aufregen und sie zum Gegenstand heftigster Angriffe erklären. Das Ergebnis ihrer hektischen Betriebsamkeit ist dabei manchmal erbarmungswürdiger als der vorher großmäulig angeprangerte Missstand.

Auf der anderen Seite erleben wir aber auch eine Erregung ganz besonderer Art: In den Feuilletons besonnener Wochenzeitungen und den Köpfen besorgter Intellektueller macht sich derzeit die Besorgnis breit, unsere Jugend zeige zu wenig Bereitschaft zur Aufregung, zum Engagement. Man geht heute nicht mehr für seine Ideale und deren Verwirklichung auf die Straße wie noch vor zwanzig, dreißig Jahren. In Zeiten, in denen der bisher als selbstverständlich erschienene Wohlstand plötzlich fragil wird, gilt es eher, sich auf eine berufliche Karriere, meist verbunden mit gesellschaftlicher Anpassung, vorzubereiten. Die Jugend – zumindest die große schweigende Mehrheit – scheint das vorhin zitierte Kennedy-Wort eher einseitig auszulegen. Das Engagement für sich selbst steht im Zentrum, bei gesellschaftlichen Belangen zeigen sich hingegen gewisse Er-

müdungserscheinungen. Ein Trend, der in den Achtzigerjahren durch die Generation Golf auch nach außen
ein Gesicht bekommen hat; es folgte die Generation
Nutella, die ihrerseits durch die Generation PC abge-
löst wird – Begriffe, die den Fokus auf das Individuum
richten.

Wie stelle ich mir in diesem Zusammenhang das Verhalten eines Menschen mit einer gewissen Herzensbildung
vor? Wie agiert und reagiert ein Herzensgebildeter im
Spannungsverhältnis von Ignoranz und allgemeiner
Empörung? Was prägt seine Haltung, seine Äußerungen? Wie versteht er, das rechte Maß einzuhalten, um
nicht durch Vermeidung der Charybdis Dauererregung
der Skylla Kuschelecke zu verfallen?

Sicher, er wird sich auch für seine ureigensten Anliegen engagieren. Er wird das moderne Gut der Freiheit
hoch schätzen, ohne dabei das Gut des Gemeinwohls zu
sehr in den Hintergrund zu drängen. Dem Projekt der
Erlebnisgesellschaft, wie die Soziologen die Gegenwart
mit der Ästhetisierung unseres Weltbezugs skizzieren,
wird er sich nicht hochnäsig entziehen, aber auch nicht
devot unterwerfen. Er wird sich auch aufregen können
über Missstände, von denen er überzeugt ist, dass sie
beseitigt gehören. Er wird allerdings nach dem Drei-
schritt Denken – Reden – Handeln vorgehen und vor
allem selbst versuchen, Dinge zu ändern, und nicht nur
laut schreiend andere zum Handeln zwingen wollen.
Dabei wird er trotz allen Engagements die Gelassenheit
nicht verlieren!

## Gelassenheit bedeutet auch loslassen

Der Begriff Gelassenheit wird im Deutschen zum ersten Mal von dem mittelalterlichen Mystiker Meister Eckhart (1260 – 1328) geprägt. Dort ist die *gelazenheit* die Frucht des »Lassens«. In ihr drückt sich der rechte Umgang mit Gott und mit seiner Schöpfung aus. Zu lassen ist alles, was der Mensch immer an sich binden möchte: die materiellen Dinge, die Welt, die Mitmenschen, ja Gott selbst. Hängt er daran, macht er sich selbst unfrei, und das Wissen um das Größere, andere geht verloren. An die Stelle freier Beziehungen treten dann Fixierungen, ein Aus- und Benutzen der Dinge, Ideen, Menschen, selbst Gottes. Zu lassen ist auch das Festhalten an sich selbst, denn darin liegt die Wurzel für alles An-sich-binden-Wollen. Für den Mystiker muss der Mensch sich in Gott hinein ver-lassen, um überhaupt fähig zu werden, einem Gegenüber in Freiheit zu begegnen. Die Vaterunser-Bitte *fiat voluntas tua* (»dein Wille geschehe«) formuliert das klassische Bittgebet um die rechte Gelassenheit des gläubigen Christen. Im heutigen Sprachgebrauch ist Gelassenheit fast gleichzusetzen mit Gleichmut, innerer Ruhe, der Gemütsruhe, die verstanden wird als die Fähigkeit, vor allem in schwierigen, aufregenden Situationen die Fassung und eine unvoreingenommene Haltung zu bewahren. Damit ist sie das Gegenteil von Unruhe, Aufgeregtheit und dem heute allgegenwärtigen Stress.

Ein ganz konkretes Vorbild für diese Tugend der Gelassenheit ist mir persönlich Papst Johannes XXIII.

Er lebte von 1881 bis 1963 und war von 1958 bis zu seinem Tod das Oberhaupt der katholischen Kirche. Er gehört zu den drei markanten Päpsten in der zweiten Hälfte des 20. Jahrhunderts, nach ihm kamen Paul VI. und Johannes Paul II., der sich den Namen der beiden Vorgänger zulegte, um zu zeigen, dass er das von ihnen begonnene Werk der Erneuerung der Kirche fortsetzen wollte. Johannes XXIII., mit bürgerlichem Namen Giuseppe Roncalli, der aus kleinen norditalienischen Verhältnissen stammte, brachte es immerhin bis zum päpstlichen Nuntius in Istanbul und Paris und, kurz vor seiner Wahl zum Papst, zum Patriarchen von Venedig. Eigentlich als Übergangspapst gewählt, sollte er doch mit der Einberufung des Zweiten Vatikanischen Konzils das bedeutendste Ereignis der neueren Kirchengeschichte herbeiführen.

Im Zusammenhang mit unserem Thema gibt es eine Anekdote, die aus der Zeit kurz nach seiner Papstwahl stammen soll: Der Papst konnte eines Nachts nicht schlafen, weil er die ungeheure Last des Amtes auf seinen Schultern verspürte. Unruhig wälzte er sich auf dem Bett hin und her. Das bevorstehende Konzil, das er einberufen hatte, drückte wie ein Alb auf seiner Brust. Als er doch einmal kurz weggenickt war, sah er im Traum einen Engel, der zu ihm sagte: Giovanni, nimm dich nicht so wichtig! Von diesem Moment an war der Druck von ihm genommen, und er schlief fortan ruhig und gelassen.

Auch der derzeitige Papst Benedikt XVI. ist ein Mahner zur Gelassenheit. Ich erinnere mich an meine Priesterweihe im Juni 1980 im Dom zu Freising. Kardinal Ratzinger war damals Erzbischof in München und spendete uns traditionell am Hochfest Peter und Paul dieses Sakrament. Von der eigentlichen Predigt ist mir nicht mehr viel in Erinnerung geblieben, aber von einer kleinen Replik nach dem eigentlichen Weihegottesdienst. Bei der Überreichung der Urkunden hatte einer der Neupriester eine Dankadresse an den Kardinal gerichtet, worauf dieser erwiderte: »Meine Herren, bewahren Sie sich in Ihrem Priesterleben die *hilaritas,* die heitere Gelassenheit.« Seither ist diese Tugend für mein Leben immer mehr zu einer Leitfigur geworden. Dies liegt sicher weniger an der Bedeutung dessen, der sie uns an Herz gelegt hat, als an dem allmählichen Lernprozess, den ich in den fast dreißig Jahren seit meiner Weihe durchlaufen habe. Gelassenheit kann man nur durch Erfahrung erlangen. Der Einzelne muss sich aber durch seine innere Einstellung für diese Erfahrung disponieren. Philosophische Einsicht und religiöses Empfinden, ein gutes Quäntchen an Lebenswissen, etwa vermittelt durch selbst gelassene Menschen, helfen beim Erlangen der eigenen Gelassenheit.

Das lateinische Wort *hilaritas*, das Kardinal Ratzinger seinerzeit zitierte, hebt dabei besonders auf das Element der Heiterkeit ab. Sie wird in der Kaiserzeit auf Münzen als Göttin dargestellt, in der Rechten hält sie einen Palmzweig, in der Linken ein Füllhorn, manchmal hat sie auch auf jeder Seite ein Kind. Wunderschöne Symbole: Der Palmzweig ist von jeher ein Zeichen für Sieg, Friede und Freude, das Füllhorn steht für die

Überfülle des Glücks, und die Kinder sind traditionel-
lerweise Symbole des Anfangs und der sich ergebenden
Möglichkeiten. Man kann sie aber in unserem Zusammenhang durchaus auch deuten als Erziehungsauftrag
zur Gelassenheit. Hermann Hesse mahnt in seinem
bekannten Gedicht »Stufen« zur Heiterkeit als Attribut
der Gelassenheit:

> »Wir sollen heiter Raum um Raum durchschreiten
> an keinem wie an einer Heimat hängen
> der Weltgeist will nicht fesseln uns und engen
> er will uns Stuf' um Stufe heben, weiten.«

Nur mit der nötigen Portion Humor, die sich in der
stillen, von innen kommenden Fröhlichkeit ausdrückt,
kann der nach oben führende Lebensweg mit der erforderlichen Gelassenheit beschritten werden.

Dem Lateinischen *hilaritas* entspricht der griechische
Begriff der *sophrosyne*. Er wird von Platon aber eher mit
der Bedeutung »Besonnenheit« gebraucht. Ihr mangelt
die emotionale Heiterkeit, sie bezeichnet mehr die über-
legte Selbstbeherrschung, die in schwierigen und heik-
len Situationen den Verstand die Oberhand behalten
lässt. Sie betont also eher den rationalen, vernünftigen
Aspekt als den des Gefühls. Die Coolness der Jugend-
sprache drückt diesen mit kühlem Verstand gehand-
habten Gesichtspunkt der Gelassenheit ganz gut aus.

Die griechische Philosophie besonders der Kaiserzeit hat sich bevorzugt mit der Kunst eines gelassenen

Lebens auseinandergesetzt. Der Mensch ist hin- und hergerissen von Gefühl und Verstand, von Leid und Lust, schon in sich selbst, erst recht in der Begegnung mit anderen. Da die antike Religion keine Moralvorstellungen hatte, wurde es Aufgabe der Philosophie, darüber nachzudenken, wie wir unser individuelles und gemeinschaftliches Leben optimal gestalten können. Die sogenannten monotheistischen Religionen Judentum, Christentum und Islam, aber auch die nicht eindeutigen theistischen Glaubensrichtungen des Ostens wie Hinduismus und Buddhismus, haben es hingegen immer als ihre Aufgabe verstanden, in ihrer je eigenen Ethik den Menschen Hilfen für ein gelingendes Leben zur Verfügung zu stellen. Dabei kam es zu Anleihen bei der Philosophie der jeweiligen Kultur, aber auch zu bewussten Abgrenzungen.

Epikur, der »Philosoph des Gartens«, will, wie wir im vorangegangenen Kapitel gesehen haben, dem Menschen zur Gelassenheit verhelfen, indem er ihm die drei Grundängste, die ihn bedrängen, von der Seele nimmt: die Angst vor dem Leiden, die Angst vor dem Tod und die Angst vor den Göttern. Er leugnet nicht die Existenz der Götter, aber er behauptet, dass sie in ihrer ewigen Glückseligkeit befangen sind und sich deshalb nicht um den Menschen kümmern. Der Tod geht uns ebenfalls nichts an, meint er, denn »wenn der Tod ist, sind wir nicht mehr, und wenn wir sind, ist der Tod noch nicht«. Das Leiden kann mithilfe der Lust, die aber bei ihm mehr bedeutet, als das deutsche Wort auf sexuelle Lust eingeengt meint, bewältigt werden. Wohlgemerkt bewältigt, nicht beseitigt! Und Lust heißt für Epikur wohl in einem ganz weiten Sinn »Lebensfreude«. Die Vermeidung von leiblichem und seelischem Schmerz, den man sich etwa durch ein ungesundes Leben oder ein Agieren in der politischen Öffentlichkeit zuzieht, führt zum Grundziel eines glücklichen Lebens, der Unerschütterlichkeit des Gemüts bzw. der Seelenruhe. Eines der besten Hilfsmittel zur Erreichung dieser Gemütsruhe ist ihm die Freundschaft. Sie ist in der Antike wichtiger als selbst die Ehe, diese wird vor allem als notwendige Einrichtung zur Fortpflanzung und zur Haushaltsführung gesehen. Die emotionale und rationale Herausforderung findet die dominierende Männerwelt aber im Freundeskreis. »Von dem, was die Weisheit für die Glückseligkeit des gesamten Lebens bereitstellt, ist das weitaus Größte der Erwerb der Freundschaft«, lautet einer der von ihm überlieferten Aussprüche über dieses hohe Gut zwischenmenschlicher Beziehungen, die er selbst in seinem Garten in fast klosterähnlicher Gemeinschaft gepflegt hat.

Einen völlig entgegengesetzten Ansatz verfolgt die andere große Philosophenschule des hellenistischen Altertums, die Stoa. Sie hat ihren Namen vom Ort, an dem sich die ersten Lehrer und Schüler dieser Richtung versammelt haben, einer Säulenhalle in Athen, der *stoa poikile*. Im Endergebnis kommen sich aber beide Schulen sehr nahe, wenn auch der Stoiker eher vom Pflichtgefühl und der Rationalität geprägt zu sein scheint, im Gegensatz zu den Epikureern, die in der Heiterkeit und dem spielerischen Umgang mit den Bedingungen des

Lebens ihre Ethik vertreten. Die Gelassenheit des Stoikers ist vernunftgeleitet und hat etwas Bemühtes an sich. Er versucht ständig, seine Affekte im Zaum zu halten. Er unterscheidet zwischen den inneren, vom Menschen selbst bestimmbaren Entscheidungen und den äußeren Dingen, auf die er keinen Einfluss hat. Gelingt es ihm, sich von der Vernunft bestimmen zu lassen, lebt er in Harmonie mit der Natur und ist damit innerlich frei. Das Glück des Menschen ergibt sich, wenn der Grundwiderspruch von Sollen und Wollen überwunden ist. Der Mensch soll das Gegenteil dessen tun, was er aufgrund der stürmischen Gefühle und der von außen kommenden Anschauungen tun würde. Das erstrebenswerte Ziel ist ein ruhiges Dahinfließen des Lebensstroms. Erst in diesem Zustand der Leidenschaftslosigkeit und der Gemütsruhe *(tranquillitas animi)* stimmt der Mensch mit seiner wahren Natur überein.

Wegen der antiepikureischen Haltung, also einer falsch verstandenen Lustfeindlichkeit, hat sich das frühe Christentum am meisten der Stoa verwandt gefühlt und daraus viele Anleihen für die eigene Moraltheologie genommen. Das Mönchtum erschien geradezu als die neue Verkörperung einer Synthese aller großen Philosophenschulen der dem Christentum unmittelbar vorausgehenden Zeit. Von den Kynikern übernahmen sie die Bedürfnislosigkeit, von den Skeptikern das Misstrauen gegen die menschliche Erkenntnis, Epikur lehrte sie das verborgene Leben und die Stoa den Verzicht auf Lust und Leidenschaft. Hierin deckt sich das christliche Mönchtum weitgehend mit den Mönchsorden der asiatischen Religionen, vorrangig des Buddhismus, der ja zur selben Zeit entstand, als im östlichen Mittelmeerraum und in Griechenland die ersten Philosophen über die Zusammensetzung der Welt und die Möglichkeit eines gelingenden Lebens nachdachten. Dort bedeutet Gelassenheit, Abhängigkeiten zu erkennen, auch von Gewohntem loszulassen, Impulse wahrzunehmen, ohne ihnen gleich nachzugeben. Es müssen Gier, Hass und die Verblendungen bewusst gemacht und überwunden werden. Der Gelassenheit entgegengesetzt sind Aufgeregtheit und Gewissensunruhe. Der Gelassene wird unabhängig von den acht Weltgesetzen Gewinn und Verlust, Ehre und Verachtung, Lob und Tadel, Freude und Leid.

## »Dem Werden seine Zeit lassen«

Ganz wesentlich zum Themenbereich Gelassenheit gehört eine Tugendhaltung, die in unserer schnelllebigen, gehetzten Zeit immer mehr in den Hintergrund zu treten scheint, die Geduld. Eine ganze Fülle von Techniken haben wir entwickelt, um Vorgänge, Produktionsabläufe, Informationsaustausch und Kommunikation schneller vonstatten gehen zu lassen. Dennoch ist uns die Zeit nicht vermehrt worden, im Gegenteil, wir fühlen sie immer schneller vergehen. Die Scharen von Business-Leuten, die auf den Flughäfen und in den ICE-Abteilen mit geöffnetem Laptop und ständig klingelndem Handy demonstrieren, dass sie immer erreichbar sind, geben ein Bild der ungeduldig gewordenen westlichen Menschheit wieder, die das Warten verlernt hat. Wer will heute noch beim Friseur oder in der Arztpraxis warten. Keiner, zumindest keiner der Viel-beschäftigten glaubt mehr, sich längere Wartezeiten leisten zu können. Wenn es dann doch einmal unvermeidlich ist, dann wird diese Zeit angefüllt mit einer vorgeblich sinnvollen Tätigkeit, eben dem mobilen Telefonat oder der Arbeit am mitgebrachten PC. Das Lesen einer Illustrierten oder das Studium des ausgehängten Fahrplans waren ja schon rudimentäre Anzeichen beginnender Nervosität, also mangelnder Geduld. Ist noch jemand fähig, Wartezeit als eine geschenkte Zeit anzusehen, in der Gedanken schweifen, Bilder des Inneren betrachtet, Erinnerungen verarbeitet und Pläne überdacht werden können? Oder im Sinn der Kontemplation als eine Zeit, in der man sich bemüht, an gar nichts zu denken, leer zu werden um sich mit dem eigentlichen Leben füllen zu lassen? Christian Schütze hat in einem wegweisenden Aufsatz schon 1982 an den »Teuren Rohstoff Zeit« erinnert: »Wir schauen mit unbewusster Sehnsucht auf den Reichtum an Zeit in armen Ländern. Da sitzen Menschen schwatzend und dösend in der Sonne, scheinbar dem Dolcefarniente hingegeben. Dass ihr Überfluss an Zeit ihnen aufgezwungen ist, dass sie in körperlichem und seelischem Elend leben, übersehen wir leicht, weil sie doch das so reichlich haben, was uns so bitter fehlt: Zeit. Die Armen haben keine Uhren, aber viel Zeit. Wir besitzen verschiedene Armbanduhren, passend zum Outfit, und haben keine Zeit. Ger-

ne übersehen wir, dass die beiden Währungen Zeit und
Geld nicht völlig frei konvertierbar sind. Geld unterliegt im Laufe unseres Lebens der Inflation, der Wert
der Zeit dagegen steigt. Wer rechtzeitig umwechselt,
gewinnt.«

Nun ist der Umgang mit Zeit aber nur ein Aspekt der
Geduld. Schon die Antike versteht darunter ein »tapfe-
res Standhalten«. Bei den Stoikern bewährt sich der
Weise durch gelassenes Ertragen aller Übel und erringt
dadurch seelische Größe. Die Geduld zielt auf das rechte
Maß beim Annehmen und Hinnehmen einerseits und
dem aktiven Verändern andererseits. Der Mensch muss
sich selbst erkennen, dabei die Grenzen seiner Belast-
barkeit erfahren und diese anerkennen. Im Umgang mit
anderen geht es um eine von Zuwendung geprägte Toleranz speziell Schwächeren gegenüber. Romano Guardini
hat eine schöne Umschreibung für die Geduld gegeben:
»Dem Werden seine Zeit lassen.« Es geht also darum,
die Spannung auszuhalten zwischen dem Ist und dem
Soll. Gerade bei der Erziehung junger Menschen zur
Freiheit des Erwachsenwerdens ist diese Geduld gefordert. Wer in seinem eigenen Werden keine Geduld erfahren hat, wird nur schwerlich fähig sein, sie selbst als
Haltung anzunehmen und mit sich und anderen gelassen umzugehen. Mir fällt das oft in Familien auf: Mit
welcher Gelassenheit die scharfe Kritik der Kinder oder
ihre Widerrede – nicht erst in der Pubertät – angehört
und meist ohne sofortige Replik dennoch registriert
wird. Mit welcher Geduld – man kann es ruhig Engels-
geduld nennen – die Erziehungsgrundsätze immer aufs

Neue wiederholt werden, dabei ihre Grenzen und deren
Flexibilität austariert werden und so Lebenswissen an-
geeignet wird.

Bei allem Ernst, wenn es um die Gefährdungen jungen Lebens und dessen Schutz geht, ist aber auch der
Humor gefragt, wie bei allen Bereichen des Lebens,
wenn die Tugenden der Gelassenheit und Geduld strapaziert werden müssen. Eben die Heiterkeit der *hilaritas*. Es gilt »wo man lacht, da ist gut sein«. Viel Ver-
krampfung im alltäglichen Miteinander kann durch ein
herzliches Lachen gelöst werden. Mir sind ein paar
Momente aus meiner Zeit im Kloster in Erinnerung, wo
wir uns gerade in den feierlichsten Augenblicken beim
Gebet in der Chorkapelle oder beim Essen im Refektorium, das ja dort unter Schweigen eingenommen wird,
vor Lachen nicht mehr halten konnten. Auch der zuerst
streng dreinblickende Abt wurde schließlich davon angesteckt, sodass ihm und den anderen die Tränen aus
den Augen kamen. Ein ansteckendes Lachen, das niemanden auslacht oder verspottet, sondern meist aus ir-
gendeinem nichtigen Grund entsteht, verbindet untereinander mehr und hilft Probleme leichter lösen als
noch so gut geführte Gespräche. Man spricht auch meist
von einem herzlichen Lachen, wenn es befreiend und
freundschaftlich gemeint ist. Freude, Heiterkeit, Humor
haben also mit der Herzlichkeit zu tun, die sicherlich
eines der – wenn man sie so nennen will – Erziehungs-
ziele der Herzensbildung darstellt. Mit der Eigenschaft
der Herzlichkeit verbindet man den Eindruck, dass ein
Mensch herzensbestimmt handelt, aus seiner Mitte

kommend und nicht nur aus der vernunftgeleiteten und
verstandesbestimmten Peripherie. Ein frohes, freudiges,
offenes Zugehen, ein beherztes positives Anpacken,
nicht verzagen, wenn mal etwas nicht so läuft, wie man
es sich gedacht hat, all das verbinden wir mit einem
gelassenen, geduldigen, herzlichen Menschen. Solch ein
Mensch lebt im Jetzt, im Hier und Heute, er lässt sich
nicht von der Vergangenheit und den dort gemachten
sogenannten schlechten Erfahrungen blockieren, aber
auch nicht durch ein ängstliches Starren in die Zukunft
in seiner Lebensbewältigung abbremsen. Er nützt den
Augenblick, den *kairos*, den rechten Zeitpunkt, um das
Seine zu tun. Das meint eigentlich auch der Ausspruch
*carpe diem*, pflücke den Tag, der oft so hedonistisch
missverstanden wird, als gelte es nur, sorglos in den Tag
hineinzuleben. Es geht vielmehr um ein aktives Gestalten des Lebens, soweit es in des Menschen Möglichkeit
steht, die alte Kunst, ein glückliches, erfülltes Leben zu
führen.

Ein unerwartetes Beispiel für ein solches Lebens-
programm stammt von dem bereits erwähnten Papst
Johannes XXIII. Er nennt es »Die zehn Gebote der Gelassenheit«. Das »Programm« beeindruckt vor allem dadurch, dass jeder einzelne Vor-Satz mit der zeitlichen
Bestimmung beginnt: »Nur für heute«, und das ist ungeheuer sympathisch. Ich habe diesen Text auf eine ganz
eigenartige Weise kennengelernt. Der Manager einer
süddeutschen Firma hatte einen meiner Exerzitienkurse
für Führungskräfte im Kloster Andechs besucht. Nach
einem halben Jahr schrieb er mir einen Brief aus Spa-

nien und teilte mir mit, dass er durch die Exerzitien zum Nachdenken über sein Leben gekommen sei. Er habe seinen Job an den Nagel gehängt und mit seiner Abfindung eine kleine Finca gekauft, auf der er und seine Frau nun ausgesetzte und alte Tiere pflegten. Am Ende des Briefes sprach er die Einladung zu einem Besuch aus, die ich dann auch tatsächlich angenommen habe. Gleich beim ersten gemeinsamen Frühstück haben sie mich mit einer gewissen Scheu gefragt, ob sie auch in meiner Anwesenheit, ihrem täglichen Ritual folgend, den Text von Johannes XXIII. lesen könnten. Jeden Tag tun sie dies: abwechselnd tragen sie die »Zehn Gebote der Gelassenheit« vor, die ich zum Abschluss dieses Kapitels hier wiedergeben möchte:

1. *Nur für heute werde ich mich bemühen, den Tag zu erleben, ohne das Problem meines Lebens auf einmal lösen zu wollen.*

2. *Nur für heute werde ich große Sorgfalt in mein Auftreten legen: vornehm in meinem Verhalten; ich werde niemanden kritisieren, ja ich werde nicht danach streben, die anderen zu korrigieren oder zu verbessern – nur mich selbst.*

3. *Nur für heute werde ich in der Gewissheit glücklich sein, dass ich für das Glück geschaffen bin – nicht nur für die anderen, sondern auch für diese Welt.*

4. *Nur für heute werde ich mich an die Umstände anpassen, ohne zu verlangen, dass die Umstände sich an meine Wünsche anpassen.*

5. *Nur für heute werde ich zehn Minuten meiner Zeit einer guten Lektüre widmen; wie die Nahrung für das Leben des Leibes notwendig ist, ist eine gute Lektüre notwendig für das Leben der Seele.*

6. *Nur für heute werde ich eine gute Tat verbringen, und ich werde es niemandem erzählen.*

7. *Nur für heute werde ich etwas tun, wozu ich keine Lust habe: sollte ich mich in meinen Gedanken beleidigt fühlen, werde ich dafür sorgen, dass es niemand merkt.*

8. *Nur für heute werde ich ein genaues Programm aufstellen. Vielleicht halte ich mich nicht genau daran, aber ich werde es aufsetzen – und ich werde mich vor zwei Übeln hüten: der Hetze und der Unentschlossenheit.*

9. *Nur für heute werde ich fest glauben – selbst wenn die Umstände das Gegenteil zeigen sollten –, dass die gütige Vorsehung Gottes sich um mich kümmert, als gäbe es sonst niemanden auf der Welt.*

10. *Nur für heute werde ich keine Angst haben. Ganz besonders werde ich keine Angst haben, mich an allem zu freuen, was schön ist – und ich werde an die Güte glauben. Mir ist es gegeben, das Gute während zwölf Stunden zu wirken.*

# MEHR GEFÜHL

## für die
## vernünftige Gesellschaft

*Show emotions!*

Unsere Zeit – und damit auch unsere moderne Gesellschaft – zeichnet sich vor allem durch Vernunft aus, oder besser gesagt, durch Vernünftigkeit. Wir neigen alle ein bisschen zum »Vernünfteln«, das heißt wir bemühen uns, unserem Tun das Mäntelchen des Vernünftigen umzuhängen, selbst wenn dieses Vernünftige noch so offensichtlich auf anderen Pfeilern ruht. Denn immer wieder bricht sich das Gefühl selbst in unserer vernunftgeleiteten Gesellschaft Bahn: Bei den Jugendlichen, die mit ihrer eigenen Gefühlswelt im Widerstreit zu der von Erwachsenen geforderten Vernunft stehen und zum Ruf anheben: »Show emotions«, Zeig deine Gefühle! Bei den Kindern, deren Leben ja sowieso von den Gefühlen und ihren unmittelbaren Äußerungen bestimmt ist. Und bei den Alten, die es nicht mehr nötig haben, jeden Moment ihres Lebens als der Vernunft geschuldet zu leben. Es

scheint, als ließen in mancher Lebensphase die zivilisa-
torischen Kontrollmechanismen der Gesellschaft nach,
mit dem Resultat, dass man sich relativ ungehemmt den
sonst gezügelten Gefühlen wie Zorn und Wut, Eifersucht und Neid hingeben kann, ohne gesellschaftliche
Sanktionen befürchten zu müssen. Dazwischen aber
regiert die Göttin Vernunft, seit sie auf dem Höhepunkt
der Französischen Revolution durch Robespierre auf
dem Altar von Notre Dame in Paris zur Allherrscherin
der Moderne inthronisiert wurde.

Auch wenn Vernunft und Verstand heute umgangssprachlich oft gleichgesetzt werden, weiß die Philosophie ihre Unterschiede klar zu benennen. Plato war der
Erste, der diese beiden Begriffe voneinander abgrenzte.
Der Intellekt war für ihn die innere Schau der Ideen, die
dem menschlichen Verstand zugänglich sind. Die be-
griffliche, methodische, diskursive Art und Weise der
Erkenntnis, also das Zergliedern, Kategorisieren, Beschreiben, wohl auch das Kalkulieren und Berechnen
bezeichnete er mit *ratio*, Vernunft.

Dieses Bauen auf die Vernunft als eine dem Verstand
übergeordnete Instanz führte schon in der Antike zur
Entzauberung der Welt. Die Götter wurden sozusagen
vom Olymp gestoßen und zu bloßen Symbolfiguren in-
nerweltlicher Erscheinungen degradiert. Zeus stand für
den Blitz und den Donner, Hera für die Häuslichkeit
und Mütterlichkeit der Frauen, Amor und Eros symbo-
lisierten die unbegreifliche Macht der Liebe und Dionysos den Rausch und die daraus folgende Raserei. Im
Christentum verband sich die Vernunft mit den Aussa-

gen der Offenbarung in der Bibel, die das ganze Mittelalter hindurch als oberste und unangetastete Autorität für jegliche Aussage über Gott, Welt und Mensch dessen Denken bestimmten. Über etwaige Widersprüche ging man großzügig hinweg, wenn doch einmal einer auftauchte, wurde die Bibel mithilfe der menschlichen Vernunft eben anders interpretiert.

# Die Ökonomisierung
# der Vernunft

Auch wenn die Strömung von *ratio* und *intellectus* unterschwellig durch alle Epochen der Geschichte des menschlichen Denkens und Philosophierens fortlebte, kam sie doch erst in der Neuzeit wieder zu ihrem uneingeschränkten Recht. Auf den Punkt brachte dies René Descartes mit seinem berühmten Ausspruch: *Cogito ergo sum* – Ich denke, also bin ich. Ihn trieb die Frage um, was man denn wirklich in seinem Selbst wisse, unabhängig von den von anderen übernommenen Traditionen und Dogmen. Denn das Bild der äußeren Welt kann eine Täuschung sein wie ein Traum oder eine Halluzination. Man kann an allen Erkenntnissen, die von außen kommen, zweifeln. Inmitten all der damit aufscheinenden Ungewissheit stößt Descartes schließlich auf ein unbezweifelbares Faktum, nämlich den Zweifel selbst. Dass man alles bezweifeln kann, bedeutet, dass man denkt, und um denken zu können, muss man sein: *Pour penser il faut être.*

Descartes kommt also bei seiner Suche nach den letzten Gewissheiten beim eigenständigen Denken des Menschen an. Dessen Würde und Einmaligkeit liegt in der Fähigkeit zu denken, seinen Verstand zu gebrauchen. *Sapere aude!* ruft wenig später Kant den nach Aufklärung lechzenden Zeitgenossen zu: Habe Mut, dich deines eigenen Verstandes zu bedienen! Dieser ist imstande, die Wahrheit ans Licht zu bringen. Die davon inspirierte Vernunftreligion soll die dogmatische Unterdrückung und den Autoritätsglauben der bisherigen Religionen überwinden und Freiheit und Wohlstand für alle bringen.

Was die Vernunft angeht, unterscheidet Kant zwischen der praktischen und der reinen Vernunft. Erstere fasst er in seinem berühmten kategorischen Imperativ zusammen, einer nur noch vernunftbegründeten Fortführung der Goldenen Regel: Was du nicht willst, das man dir tu, das füg auch keinem andern zu. Die »reine Vernunft« mit ihrem Aufzeigen der Bedingungen menschlicher Erkenntnis – und damit auch ihrer Grenzen – trug wesentlich zur Entwicklung der heute praktizierten wissenschaftlichen Methoden bei. Diese sind bestimmt von der Theorieentwicklung, der Quellenkritik und der Abstützung durch Erfahrung, zum Beispiel im naturwissenschaftlichen Experiment.

In der Folgezeit verbindet sich diese Hochschätzung der Vernunft mit dem Fortschrittsglauben der technischen und wissenschaftlichen Entwicklung im 19. Jahrhundert. Erst durch das Erleben der Konsequenzen eines ungehemmten Fortschrittsglaubens, durch die

Ausprägung radikaler Ideologien oder durch drohende ökologische Katastrophen begann dieser im Laufe des 20. Jahrhunderts zu bröckeln. Die Ära der Postmoderne ist von der Erkenntnis gekennzeichnet, dass der Weg in die Zukunft nicht zwangsläufig zu noch mehr und zu Höherem führt. Unser Glaube an die Möglichkeiten von Wissenschaft, Technik, Fortschritt und damit an die Leistungen des menschlichen Verstandes und der Vernunft ist gebrochen. Und damit befinden wir uns in einem Dilemma, denn ohne die Vernunft lässt sich die Welt samt all ihren Problemen nicht in den Griff bekommen. Tagtäglich erleben wir den Nutzen, aber auch die Gefahren, die von den Früchten unseres Verstandes ausgehen können. Gerade deshalb sind die Menschen unserer Tage von vielen Unsicherheiten hin und her gerissen. Kann man der Vernunft und dem Verstand noch vertrauen? Ist es richtig, dass die Vernunft als oberste Instanz unsere Gesellschaft prägt? Oder brauchen wir Alternativen, Gegenpole?

Beispielhaft seien zwei Bereiche genannt, bei denen mir diese Verunsicherung am stärksten auffällt: die Erziehung und die Wirtschaft.

Viele Eltern stellen sich heute ängstlich die Frage, ob sie ihrem Kind das Richtige vermitteln. Das lässt sich schon anhand der ungeheuren Flut von Erziehungsratgebern ablesen, die von der Geburtsvorbereitung über die richtige Behandlung der Neugeborenen bis hin zur vorschulischen Bildung und dem Umgang mit Pubertierenden reichen. Das Verschwinden der Großfamilien und die Tatsache, dass deshalb junge Elternpaare weitgehend auf sich gestellt sind und nicht mehr auf die Erfahrung vorangegangener Generationen zurückgreifen können oder auch wollen, führen zu Ratlosigkeit. Dazu kommt der hohe Anspruch, die Karriere des Nachwuchses möglichst schon in den Anfangsmonaten des neuen Erdenbürgers auf einen guten Weg bringen zu wollen. Kein Wunder angesichts der von den Bildungspolitikern holzhammerartig wiederholten Forderung nach »Bildung, Bildung, Bildung!« – und zwar nicht nur aus Sorge um das Individuum, sondern aus Gründen der Staatsräson: Das Land braucht in Zukunft weiterhin gut ausgebildete Bürger, will es mit der Konkurrenz bei der PISA-Studie und im ökonomischen Wettlauf gleichziehen beziehungsweise diese hinter sich lassen! In der Gesellschaft selbst geht im Umgang mit und der Nutzung von Chancen allerdings die Schere weit auseinander. Auf der einen Seite stehen Eltern, die nur ja nichts versäumen wollen, um ihrem Nachwuchs alle Wege offenzuhalten. Dabei überfordern sie allzu oft sich und ihre Kinder. Früh bildungsgestresste Kinder und Schüler kennzeichnen jene Bevölkerungsschichten, die von Leistungs- und Erfolgswillen geprägt sind. Auf der anderen Seite häufen sich Berichte über manchmal viel zu junge Eltern, die in eher prekären Situationen leben, von vornherein im Leistungs- und Bildungsmarathon resignieren und ihre Überforderung im schlimmsten Fall auch tätlich an den Kindern auslassen. Eine befreundete Grundschullehrerin berichtete mir von ihren vielen Gesprächen mit sorgengeplagten Eltern, die natürlich die befürchteten Versäumnisse in der Erziehung von sich weg auf die Institution Schule verlagern wollen. Dabei stellte sie eine große Ängstlichkeit und Verunsicherung fest, wenn die Kinder nicht schon von klein auf den Leistungswillen erbringen, den ihre Eltern von ihnen erwarten. Sie versucht dann den Eltern zu vermitteln, mehr auf die Selbsterziehungskräfte der Kinder zu vertrauen. Die wüssten schon selbst sehr gut, was ihnen guttut und was sie sich zutrauen können. Aber Erziehung und Bildung werden eben nur von der Vernunft- und Verstandesseite aus gesehen und bestehen in diesem Verständnis vor allem im Anhäufen von wiederverwertbaren, vorgeblich nützlichen Informationen und gespeichertem Wissen. Der Mensch ist aber keine Maschine, schon gar nicht der kleine und noch formbare. Unser mechanistisches, technisches Weltbild hat sich hier – ganz in gut aufgeklärtem Sinn von dem neugeborenen Wesen als *tabula rasa* – auf die Pädagogik übertragen. Uns ist selbst vermittelt worden, dass alles machbar ist, warum soll dann nicht auch der Sohn oder die Tochter formbar sein, im Ergebnis wohlerzogen, gut gebildet, mindestens ein Musikinstrument beherrschend und auf dem Golfplatz glänzend, mit einem französischen Abitur und dem Diplom einer amerikanischen Eliteuniversität im Tornister, eine glänzende Laufbahn als Investmentbanker in Singapur beschreitend. Wer zu Hause bleibt, also die meisten, wird durchs G8 gejagt, die wenige verbleibende Freizeit muss mit von Ehrgeiz getriebenem Sport und zusätzlicher Wissensvermittlung verbracht werden. Wo bleibt da das Spielerische, das für die Heranbildung von Kultur mindestens

genauso wichtig ist wie die Anhäufung von Wissen und
Fertigkeiten?

Andernorts in diesem Buch wurde schon darauf verwiesen. Hier herrscht die kalte Göttin Vernunft anstelle
der neun Musen, von denen geküsst zu werden früheren
Generationen von Schülern noch eher vergönnt war.
Wohlgemerkt, mir geht es nicht darum, Bildungsinhalte
zu verteufeln und nur eine Wohlfühl- und Kuschelpäda-
gogik zu fordern, die allein das Spiel als Modell einer
guten Erziehung kennt. Auch ich bin dankbar für all das,
was ich in der Schule und an der Universität an Wissen
und Kenntnissen erlernen konnte. Aber wenn ich mir
ansehe, mit welcher verbissenen Zähigkeit Eltern eine
Fülle an Fertigkeiten ihren Kindern eintrichtern wollen,
wird mir Angst und Bange um die kleinen Roboter, die
da herangezüchtet werden. Einmal mehr geht es um das
rechte Maß! Dieses müssen Eltern genauso finden wie
die Lehrer an der Schule und unsere Bildungspolitiker.
Dabei helfen kann das vergessene Ideal der Herzensbildung, die eben nicht nur das Gehirn und die sportliche
Leistungsbereitschaft im Blick hat, sondern Lernen als
Eintauchen in den großen Zusammenhang einer huma-
nen Kultur und als Formung einer charakterlichen
Selbsterziehung begreift.

Es soll hier auch nicht bei einer bloßen Elternschelte
bleiben. Unser ganzes staatlich gelenktes Bildungssys-
tem ist getrieben von diesem Nutzendenken der vernünftigen Aufklärer, dem Utilitarismus: Nur was nützlich ist, ist auch gut! Deshalb werden in den Ministerien
mit viel Fachwissen detaillierte Lehrpläne erarbeitet, die

das, was die Ministerialbürokratie und die Politik als nützlich für die zukünftigen mündigen Bürger erachten, zusammenfassen. Ihre Inhalte werden verpflichtend vorgeschrieben. Daher kommt es zu der Haltung, dass der Lehrplan oft wichtiger ist als das Kind. Dabei käme es doch darauf an, gerade den heranwachsenden Menschen als eine ganzheitliche Person zu respektieren. Der Reformpädagoge Otto Herz formuliert dies folgendermaßen: Wir haben eine Schulkultur »der Selektion und Defizitorientierung, die Außenseiter produziert. Das ist ungerecht und obendrein teuer für die Gesellschaft. Deshalb brauchen wir eine Schule, die fördert, stärkt und schützt und nicht Niederlagen schafft.« Schule wird sich dahin entwickeln müssen, Kindern zuallererst das Zusammenleben beizubringen: »Intelligenz muss gepaart sein mit der Fähigkeit, füreinander da zu sein.« Dann sollte die natürliche Neugier auf Wissen kindgemäß und spielerisch gefördert werden, damit Lernen Spaß machen kann. Nur dadurch wird auch der Wert von lebenslangem Lernen in die Köpfe und die Herzen der Menschen gelangen.

# Plädoyer für einen neuen Vernunftbegriff

Gerade angesichts der Ökonomisierung, die neben der Bildung auch auf alle übrigen Lebensbereiche übergreift, wird es immer wichtiger, einen neuen, erweiterten Vernunftbegriff zu definieren. Erst im Zuge der Aufklärung sind die Wirtschaftswissenschaften zu den akademischen Ehren gelangt, die sie heute zu den am meisten frequentierten Berufsbildungswegen unserer Universitätsabgänger werden lassen. Eine der Forderungen der Aufklärung war ja, durch Gebrauch der Vernunft auch den allgemeinen Wohlstand zu heben. Dadurch wurden viele Denker veranlasst, sich die Köpfe zu zerbrechen, mit welchen Methoden man dies erreichen könne. So entstanden Volks- und Betriebswirtschaftslehre samt den vielen Spezialgebieten, die alle versuchen, ihre Vernunftgemäßheit durch ein umfangreiches mathematisches Formelinstrumentarium zu beweisen. Solange diese Methoden dazu verwendet werden, die ökonomische Lage und Befindlichkeit der jeweiligen Volkswirtschaft oder Unternehmens festzustellen, ist deren Nutzen hinreichend dargelegt. Sie sind vorrangig Analyse-Werkzeuge. Um zukünftige Entwicklungen vorauszusehen, muss aber zu diesem wissenschaftlichen Instrumentarium noch die individuelle Erfahrung, die persönliche Intuition und das richtige Gespür hinzukommen. Es ist wie bei einem Flugzeugpiloten. Er hat eine Check-Liste zur Überprüfung seiner Instrumente. Darauf hakt er jede einzelne Funktion ab, nachdem er sie überprüft hat. Beim Starten der Maschine wird diese Checkliste aber beiseitegelegt. Die Armaturen helfen beim Steuern der Maschine, oder die Automatik übernimmt sie vollständig. Warum sitzen dennoch in jedem Cockpit zwei Piloten? Weil es, wenn es darauf ankommt, zumindest jedes Mal beim Starten und Landen, also den komplizierteren Manövern eines Fluges, der Erfahrung und des Fingerspitzengefühls von Menschen bedarf. Die Maschine, die Instrumente, sie sind Hilfsmittel für das Personal und nicht umgekehrt. In den Unternehmen habe ich leider oft den Eindruck, dass diese Werte verschoben wurden. Das Zahlenmaterial der Bilanzen und ihrer Deuter dominiert die Menschen, zu deren Nutzen die Lehre von der rechten Betriebsführung entwickelt wurde. Der Mensch tritt dabei allzu leicht in den Hintergrund. Immanuel Kant fordert hingegen, dass der Mensch nie bloßes Mittel zum Zweck werden darf, er selbst muss der Zweck bleiben! Die Ökonomen haben mathematische und physikalische Gesetze auf das wirtschaftliche Verhalten der Menschen übertragen und damit aus lebendigen Menschen stumme Elementarteilchen gemacht, »die durch einfache Gleichungen erfassbar sind, deren wirtschaftliche Bewegungen sich auf dem Papier bis weit hinter das Komma berechnen lassen und beim Geldausgeben einen stabilen Gleichgewichtszustand herbeiführen« (Erik Händeler). Der altbekannte und oft zitierte Spruch, Wirtschaft bestehe zu 50 Prozent aus Psychologie, scheint einfach nicht in die Köpfe der zünftigen Wirtschaftswissenschaftler hineinzuwollen. Dass er wahr sein könnte, müsste wohl allen, die sehenden Auges die gegenwärtige Finanzkrise begleitet haben, klar geworden sein. Das ökonomische Verhalten der Menschen wird von unendlich vielen Faktoren beeinflusst, die sich alle wieder gegenseitig bedingen: vom Wetter, den Moden, gesunkenen Zöllen oder Energiepreisen, neuen Marktteilnehmern, besserer Qualität, dem Staatsbesuch eines ausländischen Präsidenten samt

Gefolge oder einem erschöpften technologischen System, das keine zusätzliche Arbeit mehr benötigt. Wirtschaft ist von menschlichem Verhalten geprägt, von Kreativität, Irrationalität, von getrübter Wahrnehmung, von den individuellen Lebenszielen, letztlich von der Freiheit des Menschen.

Damit beißt sich die Katze in den Schwanz: Die moderne Ökonomie ist ein Kind der Aufklärung. Aber sie hat vergessen, dass ihr erstes Ziel nicht der Fortschritt, sondern die Freiheit des Menschen war. »Denkmodelle gehen den Fakten immer voraus und werden nicht deshalb zur Gewohnheit, weil sie wahr sind, sondern weil sie geglaubt werden«, schreibt der Volkswirtschaftler Karl-Heinz Brodbeck in seinem Buch über »Die fragwürdigen Grundlagen der Ökonomie«. Seit der deutsche Soziologe Max Weber anfangs des 20. Jahrhunderts feststellte, dass Protestanten mit ihrem Geld anders umgehen als Katholiken, weiß man außerhalb der Wirtschaftswissenschaft: Den rational, also vernünftig handelnden Akteur gibt es nicht, weil jedes Handeln aufgrund von Wertvorstellungen entsteht. Auch hier gilt es, das Kind nicht mit dem Bade auszuschütten und zu folgern, dass wissenschaftliche Behandlung der Ökonomie überflüssig sei. Dazu ist unsere Wirtschaftswelt viel zu komplex geworden. Nur muss sie immer wieder darauf aufmerksam gemacht werden, vor aller auf die Spitze getriebenen Rationalität den real existierenden Menschen mit seinen Bedürfnissen, seinen Wünschen, seiner Fehlerhaftigkeit und seinen Launen nicht aus dem Blick zu verlieren.

## Verstand und Verständnis
## gehören zusammen

Wir haben eingangs schon gesehen, dass die beiden Begriffe Vernunft und Verstand oft miteinander ausgetauscht werden. Spätestens mit Kant kam endgültig der Vernunft ihre Bedeutung als dem gegenüber dem Verstand höheren Erkenntnisprinzip zu. Er definierte den Verstand als das an Sinneseindrücke gebundene, arbeitende Erkenntnisvermögen.

Heute wird der Begriff »Verstand« in Abgrenzung zur Vernunft dann verwendet, wenn ein Phänomen gesondert, abgetrennt von einem größeren Zusammenhang, betrachtet wird. Das Substantiv Verstand kommt vom Verbum verstehen und hängt zusammen mit einem anderen Wort, dem Verständnis. Dabei geht es gar nicht so sehr um das Verstehen bzw. Verständnis von Sachzusammenhängen; dies ist mit intellektueller Anstrengung und rationaler Herangehensweise einigermaßen sicher herbeizuführen. Hier geht es mir eher um das gegenseitige Verstehen, das Verständnis füreinander. Dies beruht nicht so sehr auf einem vernünftigen Grund, obwohl der Wunsch nach gegenseitigem Verständnis alles andere als unvernünftig ist, sondern eher auf der Empathie, dem Einfühlen und Hineindenken in den anderen. Der Religionsphilosoph Romano Guardini hält dafür ein eigenes kleines Kapitel in seinem unübertroffenen Büchlein »Tugenden« bereit, dem er die Überschrift »Verstehen« gegeben hat. Er beginnt damit, dass es für das Verstehen eine Begabung gibt, »eine Schärfe des Blicks, eine Feinheit des Gefühls, eine Fähigkeit des Mitschwingens, welche die Fremdheit zwischen den Menschen überbrücken«. Zu dieser Begabung tritt dann die Erfahrung, die vor allem darin besteht, aus früher Erlebtem zu lernen.

Diesem Verstehen entgegen steht die Tatsache, dass man die Menschen sofort einteilt in solche, die man mag, und solche, die man nicht mag. Eigentlich menschlich ist das Verstehen, »wenn ich aus der Sympathie-Antipathie-Beziehung heraustrete und versuche, den anderen gelten zu lassen, wie er ist«. Damit berührt er zutiefst die benediktinische Grundtugend der *discretio*, der Gabe der Unterscheidung, von Benedikt als Mutter aller Tugenden bezeichnet. Damit ist die Forderung an den Abt gemeint, die ihm anvertrauten Mönche in ihrer Unterschiedlichkeit zu wahrzunehmen. Als Hauptaufgabe seines klösterlichen Führungspersonals sieht er es an, »der Eigenart vieler zu dienen«. Dies geschieht, indem man von vornherein ohne Wertung und Verurteilung an einen anderen Menschen herantritt, vermeidet, ihn gleich in eine Schublade zu stecken, die mit einem bestimmten Etikett versehen ist, das zumeist »vernünftelnd« irgend ein Sachargument vorschiebt, um das Mögen oder Nichtmögen, also ein bloßes Gefühl, zu überdecken. Dabei besteht der »Beginn alles Verstehens darin, dass der Eine den anderen in das freigebe, was er ist«.

Dieses Verstehen wird gerade in Zukunft immer wichtiger werden. Alle Anzeichen deuten daraufhin, dass es keine neue technische Entwicklung oder Erfindung sein wird, die den nächsten Innovationsschub der

globalisierten Welt auslöst, sondern eine Verbesserung
des durch die Technik ermöglichten Informationsflus-
ses. Aber eben nicht des maschinellen Flusses, sondern
des menschlichen. Die Manager des 21. Jahrhunderts
sollen die inneren Beziehungen im Unternehmen organisieren, den Informationsfluss zwischen oft launischen
und unberechenbaren Menschen organisieren. Es geht
also nicht mehr nur um ökonomische Werte, sondern
um das Vertrauenskapital. Der Wohlstand der Zukunft
wird vor allem vom Sozialverhalten abhängen. Wir müssen lernen, Informationen fließen zu lassen zwischen
Menschen, die sich nicht mögen, deren Beziehungen
gestört sind, die von offenen oder verborgenen Konflikten behindert werden. Die meiste Zeit in den Meetings
der Manager geht nicht für die Sacharbeit, sondern für
Grabenkämpfe drauf. Wir brauchen eine neue Art von
Urteilskraft, die andere eben nicht verurteilt, sondern
das Beurteilen im Sinne der *discretio* versteht: »Die
meisten Urteile der Menschen bedeuten im Grunde
doch nichts anderes als: Der ist mir angenehm, der ist
mir unangenehm; den kann ich brauchen, den kann ich
nicht brauchen. Das echte Urteil sieht: Dieser eignet sich
für die Aufgabe, um die es geht; jener würde die Sache
verderben, und so fort.« In diesem Sinne ist wohl auch
die Mahnung Jesu im Evangelium zu verstehen: »Richtet
nicht, damit nicht auch ihr gerichtet werdet.« Um dazu
fähig zu werden, muss ich aber den anderen zunächst in
seinem Wesen verstehen.

## Kants Moralgesetze
## und die christliche Ethik

Zum richtig geforderten Sozialverhalten, also zur menschlichen Ethik im Zusammenleben und Zusammenarbeiten mit anderen, gehört der schon mehrmals in diesem Buch angesprochene sogenannte Kategorische Imperativ. Auch er ist ein Kind des Zeitalters der Vernunft und Aufklärung. Dessen erklärtes Ziel war es, den Menschen aus seiner »selbst verschuldeten Unmündigkeit« herauszuführen. Kant verstand darunter die Abhängigkeiten von vorgegebenen Autoritäten und Traditionen. Deshalb sollte auch die Ethik autonom, das heißt selbst gesetzt, sein. Wie aber findet man moralische Prinzipien, die nicht durch eine göttliche und kirchliche Autorität vorgegeben sind und dennoch allgemeine Gültigkeit in einer Gesellschaft beanspruchen können? Kant geht von der Freiheit des Individuums aus, die sich im Willen manifestiert. Der gute Wille ist die höchste moralische Instanz des Einzelnen. Wenn daraus ein Sollen für alle werden kann, wird er zum Gesetz, zum Imperativ. Kant formuliert dies so: »Handle nur nach der Maxime, durch die du zugleich wollen kannst, dass sie ein allgemeines Gesetz werde!«

In Kants Werken gibt es verschiedene Fassungen seines Moralgesetzes. In der folgenden macht er die Achtung vor der Person als solcher zur Pflicht: »Handle so, dass du die Menschheit, sowohl in deiner Person als in der Person eines jeden anderen, jederzeit zugleich als Zweck, niemals bloß als Mittel brauchst!« Bei aller

Hochachtung vor dem Werk des Königsberger Philosophen, ich habe immer das Bild vor meinem inneren Auge, das sein letzter Gesellschafter E. A. C. Wasianski in seinem Erinnerungsbuch »Zuhaus bei Kant« zeichnet. Er beschreibt einen berühmten alten Mann, gefangen von seinen alltäglichen Ritualen, vertrocknet in seinem wissenschaftlichen Ruhm, erfüllt von den Pflichten, die er sich selbst auferlegt hatte. Und, man verzeihe es mir, genau diesen trockenen und verstaubten Eindruck macht mir heute auch sein Kategorischer Imperativ; er wirkt verzopft wie die Perücken des »Ancien Regime«.

Der von Vernunft angezettelte Schritt aus der Unmündigkeit mündete schließlich in eine einengende und freudlos wirkende Pflichten- und Sollensethik. Damit widerspricht sie so gänzlich dem Gefühl der individuellen Autonomie unserer Tage, die sich losgelöst hat von den Pflicht- und Akzeptanzwerten, die noch bis zur Adenauer-Zeit die Gesellschaft geprägt haben.

Für viel zeitgemäßer als Kant halte ich in diesem Zusammenhang die uralten beiden ethischen Grundsätze der christlichen Verkündigung. Gerade in ihrer biblischen Sprache der Zeitenwende scheinen sie auch den heutigen Menschen eigenartigerweise unmittelbarer anzusprechen als die mühsam formulierten und gedrechselten Maximen der Aufklärer des 17. und 18. Jahrhunderts. Mich fasziniert, dass im Evangelium zwei ethische Handlungsmaximen für das Zusammenleben der Menschen gegeben sind, von denen Jesus sagt, dass in ihnen das ganze Gesetz und die Propheten zusammengefasst seien. Das heißt in beiden Prinzipien tritt der Kern christlicher Ethik in aller Kürze und Konzentration offen zutage. Wir kennen alle das sogenannte Hauptgebot der Liebe: »Vor allem: Gott, den Herrn, lieben mit ganzem Herzen, mit ganzer Seele und mit ganzer Kraft. Ebenso: Den Nächsten lieben wie sich selbst.« Für einen religiösen Menschen gibt es keine bessere Zusammenfassung der Ethik des Alten und des Neuen Testaments. Gleichzeitig korrigiert sie auch falsche Frömmigkeitshaltungen, indem sie die drei Pole der Liebe gleich gewichtet. Gott, den Nächsten und mich selbst. Wenn eines davon übergewichtet wird, stimmt die Balance wahrer Frömmigkeit, echter christlicher Ethik nicht mehr.

Im Evangelium steht aber auch eine Fassung für Atheisten, und zwar im Kerntext der radikalen jesuanischen Verkündigung, der Bergpredigt bei Matthäus. Das Neue Testament scheut sich nicht, Lebensmaximen der antiken, heidnischen Philosophie und Tradition aufzunehmen und als Worte aus dem Munde Jesu zu autorisieren. Wir kennen diese Maxime als die Goldene Regel: »Keinem anderen antun, was man selbst nicht erleiden möchte.« Oder in der sogenannten positiven Fassung: »Alles, was ihr von anderen erwartet, das tut auch ihnen!« Dieses Gebot entspricht dem Kant'schen Imperativ und ist irgendwie lebensnaher, frischer, munterer, gerade wegen seines hohen Alters und der damit verbundenen Zeitlosigkeit. Im Zuge seines Projekts Weltethos, in dem er eine für die Globalisierung hilfreiche allen Kulturen gemeinsame Kurzformel des gedeihlichen Zusammenlebens auf unserem Planeten suchte, wurde der bekannte Theologe Hans Küng in der Goldenen Regel fündig. Sie kommt in allen Kulturen und Religionen als ein ethischer Grundsatz vor und wird so von allen gleichermaßen anerkannt.

Im christlichen Hauptgebot geht es um die Liebe, landläufig als ein Gefühl charakterisiert, im Gegensatz zu Kant, der vom Willen und vom Sollen spricht. Aber auch Immanuel Kant weiß, dass der Mensch die Bestimmungsprinzipien seines Willens nicht allein aus der Vernunft schöpft, er ist kein rein vernünftiges Wesen, sondern ein teilvernünftiges. Das, was außer der Vernunft noch seinen Willen bestimmt, sind nach Kant die Neigungen, Komponenten unserer sinnlichen Veranlagung, die auf dem »Gefühl der Lust und Unlust beruhen«. An anderer Stelle war schon von den Basisemotionen die Rede, Grundgefühlen, auf die sich alle anderen Gefühle zurückführen lassen. Die Wissenschaft ist sich nicht in allem einig, aber diese acht Emotionen werden am häufigsten angeführt:

- *Furcht / Panik*
- *Zorn / Wut*
- *Freude / Ekstase*
- *Traurigkeit / Kummer*
- *Akzeptanz / Vertrauen*
- *Ekel / Abscheu*
- *Überraschung / Erstaunen*
- *Neugierde / Erwartung*

Man kann Gefühle von Emotionen, von Gefühlsregungen oder Affekten, wie sie die klassische Philosophie
bezeichnet, und von Leidenschaften unterscheiden.
Letzterer Ausdruck ist eher den mittelalterlichen Laster-
katalogen näher, in denen negative Empfindungen, die
zu einem sündigen Verhalten führen, zusammengestellt
wurden. In der Antike wurde vor allem das Begriffspaar
Lust und Unlust zum Grundproblem der Ethik stilisiert.
Epikur propagierte die Vermeidung von Unlust bzw.
Schmerz als Bedingung für Lust bzw. Freude. Dem klassischen Ideal der Besonnenheit entsprach es aber eher,
die Affekte als schädlich zu bekämpfen, wie es die Stoiker in ihrer Lebensschule praktizierten. Aristoteles und
im Mittelalter Thomas von Aquin forderten hingegen
nur die Mäßigung der Affekte. Auch die christliche
Askese verlangte, die Gefühlsregungen zu unterdrü-
cken, da sie die Neigung zur Sünde unterstützen. In der
Renaissance wurden dann die positiven Seiten der Affekte wiederentdeckt. Die Gegenwart ist davon überzeugt, dass ohne starke Gefühle schöpferische Leistungen nicht vollbracht werden können.

Dennoch gibt es kulturelle Schranken, die dieses
Ausleben der Gefühle behindern, seien es traditionelle,
geschlechtsspezifische oder gesellschaftliche. Ein Junge
weint nicht, ein Indianer kennt keinen Schmerz, man
zeigt es nicht öffentlich, wenn man emotional sehr bewegt ist, Trauer muss sich in den Grenzen des gesellschaftlich Verantwortbaren bewegen usw. Man kennt
diese Sprüche, die alle dazu verhelfen sollen, seine Gefühle im Zaum zu halten. Ich glaube, zur Herzensbil-

dung gehört es auch, zur rechten Zeit seine Gefühle offen und ehrlich zu zeigen. Es gilt aber auch hier die aristotelische Forderung: Die Mutter aller Tugenden ist das rechte Maß, die Gabe der Unterscheidung. Das Gespür dafür, zu welchem Zeitpunkt in welchem Zusammenhang welcher Grad einer Gefühlsregung der richtige ist. Dabei darf dies aber nicht nur über den Kopf laufen, denn dann wirkt es nicht authentisch. Dies ist die wahre Kunst, lieber einmal zu viel Gefühl zu zeigen als zu wenig. Die allzu Beherrschten sind mir allemal verdächtiger als diejenigen, die Gefühle, positive wie negative, zulassen und auch zeigen können. Die Erfahrung lehrt, dass unterdrückte Gefühle sich irgendwo ein Ventil suchen und dann meist eines, das für alle Betroffenen eher unangenehm werden kann.

## Die fünf Säulen der menschlichen Kompetenz

Der Hirnforscher und Psychologe Ernst Pöppel beschreibt fünf fundamentale Fähigkeiten des Menschen, die im Gehirn in den verschiedenen Regionen zu verorten sind: eine soziale, eine emotionale, eine kommunikative, eine künstlerische und eine religiöse Kompetenz. Sie alle zusammen machen den Geist des Menschen aus. Weiterhin beschreibt er als eine ganz wesentliche Fähigkeit, die den Menschen gegenüber den anderen Lebewesen auszeichnet, die Möglichkeit des Perspektivenwechsels: Ich kann mich in die Sichtweise eines

anderen Menschen hineinversetzen und von dessen
Perspektive aus Dinge, Personen und deren Beziehungen beobachten und mitfühlen. Dies kann sowohl vom
rationalen als auch vom emotionalen Standpunkt aus
geschehen. Man spricht von Empathie, von der Gabe,
sich in einen anderen hineinzufühlen. Dies ist etwas
zutiefst Humanes und deshalb bei der Bildung des
Menschen Unverzichtbares! Vielleicht ist dies sogar der
Punkt, auf den die Forderung nach Herzensbildung
gebracht werden kann. Dieser Perspektivenwechsel
ermöglicht ein Zusammenleben, das für das Verhalten
eines anderen zumindest Verständnis ermöglicht. Unser
viel strapaziertes Wort von der Sympathie unterstreicht
dies noch einmal: Es bedeutet ein Mitfühlen, im äußersten Fall ein Mitleiden, *compassion,* um es im unvermeidlichen Soziologenenglisch auszudrücken, damit es in
unserer ökonomisierten Sprache auch verstanden wird.
Dies ist meines Erachtens übrigens auch eine der her-
ausragenden Eigenschaften, die Führungskräfte in Unternehmen und Organisationen für ihre Aufgabe mit-
bringen müssen: die Fähigkeit, sich in ihre Untergebenen
hineinzudenken und vor jeder Anweisung deren Aus-
wirkungen von deren Perspektive aus zu betrachten.

Damit stoßen wir auf den unüberbietbaren pädagogi-
schen Gehalt gerade des Christentums für die Forderung nach Herzensbildung. Der Gott der Christen bleibt
nicht in unendlichen Himmelsfernen, um sich durch
Engel und Menschen, die Throne und Gewalten auf
ewig anbeten und zujubeln zu lassen. Sondern wie es der

Apostel Paulus in seinem Hymnus des Philipperbriefs ausdrückt: »Er hielt nicht daran fest, wie Gott zu sein, sondern entäußerte sich und wurde den Menschen gleich. Sein Leben war das eines Menschen. Er erniedrigte sich, war gehorsam bis zum Tod, bis zum Tod am Kreuz.« Gott zeigt sich solidarisch mit dem Menschen und dessen unvermeidlichem Grundproblem, mit dem er sich vom ersten Tag seines Lebens an auseinandersetzen muss: mit Leiden und Tod. Bei aller intellektuellen Schwierigkeit, die der moderne Mensch mit den Glaubenssätzen der Dreifaltigkeit und der Menschwerdung Gottes, gar mit dem überlieferten Gottesbegriff hat, bleibt doch diese Botschaft tröstlich: Dieser Urgrund allen Lebens fühlt und leidet mit seiner Schöpfung mit, er lässt sie in Not und Elend nicht allein, sondern geht mit ihr durch dick und dünn, auch durch das Tor des Todes. Da wird aus Mitfühlen ein Mitgehen, Mithandeln und Mittun!

# ETWAS HEILIGES

## für die
## gottlose Gesellschaft

*Wer im Glauben fortschreitet, dem wird das Herz weit.*
BENEDIKT VON NURSIA

In der heutigen Gesellschaft beobachtet man immer häufiger ein Phänomen, das von der Soziologie »Eskapismus« genannt wird (vom englischen *escape*, entkommen, entrinnen). Damit wird die Flucht vor der Wirklichkeit der realen Welt bezeichnet. Der von ihren Problemen überforderte Mensch meidet die reale Welt und flüchtet in eine imaginäre Scheinwirklichkeit. Dies geschah noch vor einigen Jahrzehnten durch das »Aussteigen« in einem greifbaren Sinn, sei es in der Hippie-Bewegung der späten Sechzigerjahre, oder bei den Asienreisen der Weltenbummler, im plötzlichen Abbrechen aller sozialen Kontakte durch Wegzug in eine andere, oft romantisch als »natürlich geblieben« gedachte Weltgegend (die berühmte, fast mythisch verklärte »Insel«). Das Aussteigen ist ein Phänomen, das sich zum ersten Mal in der griechischen Philosophie greifen lässt.

Das zunehmende Ich-Bewusstsein des menschlichen Individuums, das seinen Aufschwung erst in der Moderne genommen hat, fand dort schon seinen keimhaften Anfang. Zwei der hellenistischen Philosophenschulen könnte man als Gemeinschaften von Aussteigern betrachten: die Epikureer, deren Anliegen das Erreichen des Glücks durch Überwindung der Angst vor Schmerzen, Tod und Göttern war. Epikurs Anhänger fanden in jenem bereits mehrfach zitierten Garten einen Schutzraum, in dem sie sich vom öffentlichen Leben und politischer Betätigung fernhalten können. Die Kyniker wiederum, als deren bekanntester Vertreter Diogenes von Sinope gilt, wollten zum Glück finden, indem sie absolute Bedürfnislosigkeit und Freiheit von gesellschaftlichen Gepflogenheiten predigten. Eine Haltung, die sich auch in etwas moderneren Heldengeschichten findet: Wer kennt nicht die Geschichte von Robin Hood und seinem Kampf gegen den Sheriff von Nottingham? Die Gestalt des guten Räubers, der sich einen Raum abseits der Gesellschaft eroberte, das Geld den Reichen wegnahm und den Armen weitergab. Oder den gegen die mächtige Hanse kämpfenden Klaus Störtebeker; er soll zusammen mit seinen Vitalienbrüdern, wie seine Seeräuberkumpanen genannt wurden, die Ostsee unsicher gemacht haben. Bei beiden Figuren verbindet sich die »Flucht in eine Parallelwelt« außerhalb der gesellschaftlichen Normen mit sozialem Engagement für die Benachteiligten – zumindest in der sicherlich etwas verklärten literarischen Form.

In der Literatur schlägt sich der Hang zum Eskapismus übrigens auch in den hohen Auflagenzahlen der Fantasy-Titel nieder. Die Erfolge des »Zauberlehrlings« Harry Potter sind ein aktuelles Beispiel, die Trilogie über den »Herrn der Ringe« ein anderes. J.R.R. Tolkien, dessen Kampf zwischen Mittelerde und dem dunklen Reich Saurons dank der monumentalen Verfilmung fröhliche Urständ feierte, gilt als ein Theoretiker des affektiven Eskapismus, den er allerdings positiv als »Hilfe zur Bewältigung der Alltagswirklichkeit« darstellt. Der Mensch ist unzufrieden mit der modernen Welt, die er als Gefängnis empfindet, aus der es gilt, zu fliehen und »nach Hause« zurückzukehren.

# Die Ersatzreligionen der modernen Gesellschaft

Heute beobachtet man neben diesen Spielarten des Eskapismus ein neues Phänomen: die Realitätsflucht durch einen übermäßigen Gebrauch von Medien aller Art. Dass sie mittlerweile die Rolle einer Ersatzreligion einnehmen, zeigt sich auch an den überhand nehmenden Talkshows, Soap-Operas und Telenovelas in den verschiedenen Fernsehprogrammen. Dort wird bei den Zuschauern eine Identifikation mit den vorgeführten Lebensweisen herbeigeführt, die *stories* und *plots* erfüllen die herkömmliche Aufgabe der Mythen, und es kommt zu einer Projektion des eigenen Versagens auf fremde Handlungsträger. Analog zur christlichen Ver-

söhnungstheologie und hergebrachten Beichtpraxis
findet sozusagen auf dem Sofa eine Art Vergebung der
Sünden statt: Indem ich gezeigte Fehlhaltungen nach-
vollziehe oder mich mit den in Talkshows öffentlich bekannten »Sünden« identifiziere, durchlebe ich so etwas
wie *katharsis*, also Reinigung, Erlösung, Befreiung. Im
Zuspruch des Talkmasters erhalte ich indirekt die wert-
freie Vergebung, die ich von kirchlichen Handlungsträ-
gern (zumindest in der öffentlichen Wahrnehmung)
meist so nicht erfahre oder auch nicht erfahren will.
Der Konsument kompensiert seine offenen und uner-
füllten Wünsche vor dem Bildschirm, das Medium selbst
wird so zu einem Träger unerfüllter und utopischer
Hoffnungen.

Eine Studie aus dem Jahr 2006 mit dem bezeichnenden Titel »Irgendwie fühl ich mich als Frodo …!« bestä-
tigt diese Entwicklung. Sie kommt zu dem Schluss, dass
in den Massenmedien infolge des religiösen und kulturellen Wandels der letzten Jahrzehnte eine neue Form
von Religion, eine »Medienreligion«, entstanden ist.
Was nicht heißt, dass die Medien ausdrücklich religiöse
Inhalte vermitteln. Eingekleidet in die vielen und viel-
förmigen »Formate« des Programmangebots werden
implizit religiöse Funktionen vermittelt und sinnstif-
tende Antworten auf lebenspraktische Orientierungs-
fragen der Menschen geliefert. Wer nach dem Sinn von
Leid und Tod fragt, den verweisen die Medien nicht auf
einen Erlösergott, sondern auf Geschichten von Menschen, die mit eigenen oder fremden Schicksalen zu-
rechtkommen müssen. Wer nach der Zukunft und dem

Ziel des Lebens fragt, der wird verwiesen nicht auf die Vollendung im Jenseits, sondern auf Stars und Shows, die zeigen, wie man sein Leben besonders und einmalig führen kann. Wer nach dem Heil in seinem Leben fragt, dem werden Möglichkeiten gezeigt und vorgeführt, sein Leben im Hier und Jetzt authentisch ausleben zu können (Elisabeth Hurth). Dies alles bewirkt, dass das Religiöse keinen festen, vorgegebenen Inhalt mehr hat. Die Medienreligion kennt keinen Katechismus, keine Dogmatik und keine Symbole. Es ist eine Diesseitsreligion entstanden, die das Alltägliche außeralltäglich macht und ästhetisch überhöht.

Die Tatsache, dass die Medien überhaupt die Rolle einer Ersatzreligion einnehmen können, und der Trend, sich der Wirklichkeit wie auch immer zu entziehen, zeigen aber auch, dass in der Gesellschaft eine Leerstelle entstanden ist, die die Kirchen – zumindest für einen Großteil der Menschen – offenbar nicht mehr gänzlich füllen können.

Gleichzeitig ist aber festzustellen, dass gerade kirchliche Großereignisse, aufgezogen mit allen Raffinessen der modernen Event-Kultur, unglaublichen Zulauf erhalten. Massenspektakel der säkularen Kultur wie Pop- und Klassikkonzerte in Sportarenen und auf repräsentativen Plätzen des öffentlichen Raums finden ihre Entsprechung in Kirchen- und Katholikentagen, in Weltjugendtagen und Taize-Treffen oder in medienwirksam inszenierten Ereignissen wie der Neuwahl des Papstes. »Wir sind Papst«, titelte denn auch die »Bild«-Zeitung, nachdem Joseph Ratzinger als Benedikt XVI.

auf der Segensloggia des Petersdoms für alle Welt sichtbar als lächelnder »Pfarrer der ganzen Welt« erschienen
war. Es ist der neuzeitliche Wert der Autonomie des Einzelnen gegenüber dem früher selbstverständlichen Wert
der Pflicht und des Sollens, dem diese neuen Formen
gemeinschaftlichen Erlebens und Tuns – auch im Religiösen – entgegenkommen. Man sucht in Selbstverant-
wortung das auch ästhetisch professionell organisierte
Großereignis – und sei es auf dem Flat-Screen.

Es scheint also, dass Kirchlichkeit im traditionellen
Sinne mit Gottesdienstbesuchen und Aktivität im Kir-
chenchor abnimmt, das Bedürfnis nach Religiosität aber
nach wie vor vorhanden ist, wenn nicht sogar zunimmt.
Der Bereich des Religiösen gehört sofort einsichtig zu
zwei Bereichen: zunächst zu dem des Intellekts und Rationalen in der Durchdringung und Systematisierung
seiner Offenbarung bzw. Tradition mithilfe der Mittel,
die der menschliche Geist in Philosophie und Wissenschaft entwickelt hat. Und schließlich auch zum Bereich
des Affektiven und Emotionalen, weil es in ihm um eher
weiche Faktoren des menschlichen Lebens und Empfin-
dens geht. Wichtige Werte wie Glauben und Vertrauen
werden mit ihm verbunden.

Herzensbildung hat deshalb sicher mit religiöser Erziehung und Bildung zu tun. Religion ist unausrottbar
und gehört offensichtlich zur kulturellen Grundaus-
stattung des Menschen. Gerade die jüngsten Veröffentlichungen der neuen, auf der Grundlage der Evolutions-
theorie und der zur Leitwissenschaft aufgestiegenen
Neuro-Sciences argumentierenden Propagandisten des

Atheismus bestätigen dies. Denn Richard Dawkins und Christopher Hitchens gelingt es mit ihren ebenso polternden wie holprigen, nur Altbekanntes wiederkäuenden Argumentationen eben nicht, Religiosität als überwunden und abgetan zu beweisen. Sicher ist es richtig, dass durch derartige Veröffentlichungen die bestehenden Religionen und verfassten Kirchen immer wieder einen Spiegel vorgehalten bekommen, der sie zur Selbstkritik befähigen könnte. Natürlich ist der Hinweis auf die Unbeweisbarkeit der Existenz Gottes wichtig. Genauso wichtig ist aber auch die Erkenntnis, dass seine Nicht-Existenz nicht bewiesen werden kann.

Diese fundamentale Unbestimmtheit der Gottesfrage ist vielleicht eines der religiösen Paradigmen der Moderne. Der heutige Mensch ist herausgefallen aus der selbstverständlichen Geborgenheit in einem religiös oder gar christlich geprägten gesellschaftlichen Umfeld. Das große Gut der persönlichen Entscheidung und der Möglichkeit zur Wahl – auch im religiösen Bereich – erweist sich als Qual der Wahl und fast existenzialistisches Verdammtsein zur Wahrnehmung der Möglichkeit, im Universum allein zu sein. Die »Große Freiheit« mit ihrem aufgeklärten Glanz zeigt hier ihre dunkle Seite: Ein Leben, das nicht mehr selbstverständlich im Jenseits verankert ist, von dort seinen Anfang bekommt und dorthin zurückgeführt wird.

## Kirche, Religion
## und die Suche nach Sinn

Durch die Jahrhunderte hatte in unserem Kulturkreis das Christentum in seiner konfessionellen Ausprägung die Deutungshoheit, sozusagen das Monopol der Sinnstiftung inne. Da Kirche in ihrem eigenen Verständnis eine zugleich göttliche und menschliche Gemeinschaft ist, war sie natürlich nicht davor gefeit, diese Monopolstellung mit Zähnen und Klauen zu verteidigen. Hier hat sie gefehlt, indem sie sich weit von ihrem Meister entfernt hatte, der von sich gesagt hat, er sei zum Dienen auf diese Welt gekommen und nicht, um sich bedienen zu lassen, und der am Ende seines Lebens ohnmächtig am Kreuz den schmählichsten Verbrechertod der Antike auf sich genommen hat. Die christliche Kirche versuchte durch weite Strecken ihrer Geschichte vor allem ihre Machtposition, ihre Privilegien im öffentlichen Bereich und im viel schwerwiegenderen Bereich der persönlichen Seelsorge zu behaupten. Seit der Aufklärung haben die Mündigkeit des Individuums und die Selbstständigkeit des gesellschaftlichen Bereichs das Denken, Fühlen und Handeln der Menschen bestimmt. Unser Selbstverständnis ist davon geprägt, oft sogar ohne dass wir uns dessen ausdrücklich bewusst sind. Religion kann heute nur bei den Menschen »ankommen«, wenn sie dieses moderne Menschenbild grundsätzlich anerkennt und in ihre eigene Verkündigung übernimmt. Die Frage lautet also: Was hat Religion, konkret, was haben die christlichen Kirchen heute anzubieten? Der Philosoph Jürgen

Habermas mahnt eine »rettende Übersetzung« an. Damit meint er, die Werte und Traditionen des Christentums, die auch unsere nachchristlichen Gesellschaften prägen, müssten in eine für Menschen der heutigen, weitgehend säkularisierten Welt verständliche und nachvollziehbare Sprache und damit Denkweise übersetzt werden. Eine alte Religion für eine neue Zeit hat die Aufgabe, Hilfe zu bieten in der Unbestimmtheit des Lebens und dem Gefühl der Geworfenheit in die Existenz, ohne dabei die grundsätzliche Tatsache dieser Freiheit des Menschen, die damit verbunden ist, zu verleugnen, sondern sie vielmehr anzuerkennen, ja sogar zu fördern.

Jede Religion gründet in einem Mythos. Im Christentum ist der Mythos in der Bibel überliefert, von der Schöpfung der Weltordnung aus dem Chaos, vom Beginn des Menschengeschlechts im Garten Eden bis zur Vollendung der Welt im himmlischen Jerusalem. Es sind erzählte Bilder und Mythen, die helfen können, mit der erkannten Wahrheit, dem erworbenen Wissen, also unserem Faktenwissen, umzugehen. Religionen müssen lernen, zur Mythenqualität ihrer Geschichten zu stehen; man kann und muss sie in unserer aufgeklärten Welt nicht mehr als Teil des Faktenwissens verkaufen. Das ist Etikettenschwindel, der sehr schnell aufgedeckt wird und zur Ablehnung des Gesamtangebots an Lebenswissen führt, das die Religionen mitführen. Ein Lebenswissen, das von den Anfängen der Menschheit in der Evolutionsgeschichte bis heute überdauert hat.

Die Frage, warum sich Religion so lange gehalten hat, beantworten Neurobiologen mit dem Verweis auf das

Vertrauen als eine dem Menschen eigentümliche psychische Kraft. Vertrauen ist die personale Seite des Glaubens: nicht an etwas glauben, sondern jemandem glauben! Der aus Medizin und Pharmazie bekannte Placebo-Effekt wird dafür als Beleg herangezogen. Allein die Begegnung mit einem Vertrauen stiftenden Arzt oder Pfleger, der sich für den Patienten Zeit nimmt und ihm ein Gefühl der Geborgenheit vermittelt, kann unmittelbar Einfluss auf den Erfolg des Heilungsprozesses haben.

Mit dem Wortteil »Heil«, das in der jüngsten deutschen Geschichte schändlich missbraucht worden ist, ist ein weiterer Aspekt des Religiösen angesprochen. Es meint ursprünglich ein ganzheitliches, Leib und Seele umgreifendes Gesundsein. Die Vervollkommnung des Heils im Göttlichen wird dann mit dem Attribut »heilig« umschrieben. Heilung bedeutet im religiösen Kontext Befreiung von Schuld(-gefühlen und -sprüchen). Dass die Seelsorge hier auch eine therapeutische Funktion hat, diese Erfahrung habe ich in der Praxis selbst oft gemacht: Durch Lesen oder Nacherzählen einer biblischen Geschichte, durch symbolträchtige Berührungsgesten wie Handauflegung und Segnung können heilende Kräfte im Menschen aktiviert werden und zu einer Gesundung an Leib und Seele beitragen. Die Religion verwendet dafür im Unterschied zur Medizin Mittel spiritueller Art. »Dabei kennzeichnet der vom Lateinischen *spiritus* und vom Griechischen *pneuma* (Luft, Wind, Atem, Hauch, Geist) abgeleitete Begriff Spiritualität die Tatsache, dass der Mensch angesichts der Erfahrung von

Krankheit, Leid und Vergänglichkeit in sein Dasein die Sinnfrage hineinspricht in der Absicht, eine Situation zu bewältigen, Krankheit zu verarbeiten, Brüche in zwischenmenschlichen Beziehungen zu überwinden. Das bedeutet gleichzeitig, sich mit Erfahrungen von Sinnlosigkeit auseinanderzusetzen.« (Josef N. Neumann)

Die Mittel von Religion und Spiritualität sind Gebet und Meditation. Ihr Ziel ist es, dem Menschen eine hörende, achtsame Haltung einzuüben, die Raum schafft für Selbstwahrnehmung. Nur ein Mensch, der ein waches Gespür für sich selbst hat, wird sich jenseits allen verstandesmäßigen Wissens auch ein weites und aufmerksames Herz bewahren können. Während der Glaube unterschiedliche Ausprägungen erfahren kann (an einen oder an mehrere Gottheiten), scheint die Spiritualität ein allen Religionsformen gemeinsames Kennzeichen, ein Grundbegriff religiösen Lebens zu sein. Auch, wenn die Bezeichnung dafür relativ neu ist. Was heute Spiritualität heißt, wurde in der christlichen Theologie Mystik genannt. Dieses aus dem Griechischen stammende Wort betont mit seinem Adjektiv »mystisch« eher die verborgene, geheimnisvolle Seite der Beziehung zum tiefsten Grund des Daseins. Sie kann nicht mit dem Verstand erkannt, nicht durch Aktion gemacht, sondern nur durch Versenkung erfahren werden. Karl Rahner, einer der großen katholischen Theologen des zwanzigsten Jahrhunderts, hat einmal gesagt, der Fromme von morgen werde ein Mystiker sein, einer, der etwas »erfahren« hat – oder er werde nicht mehr sein.

## Spiritualität als wichtige
## Säule der Herzensbildung

Die mystischen Traditionen aller Religionen verbinden zwei Strömungen: die Aufhebung des verstandesmäßigen Nachdenkens über Gott, das den Menschen im Letzten in nicht aufhebbare logische und ethische Schwierigkeiten bringt; und den Vorrang der religiösen Erfahrung vor lehrmäßigen, in Definitionen gepresste Festlegungen. Natürlich waren alle Mystiker auch große Denker, aber sie versuchten in erster Linie das »Erfahrene« in verstehbare Worte zu fassen. Als einer der ersten Mystiker gilt ein Schriftsteller des sechsten Jahrhunderts, Dionysius der Areopagit. Seinen Beinamen erhielt er, weil man ihn später fälschlicherweise mit jenem Dionysius gleichsetzte, der sich nach der Predigt des Apostels Paulus auf dem Areopag, dem Burg- und Tempelberg von Athen, zum Christentum bekehrt hatte. In seinen Schriften, die versuchen, die Sprache der Bibel mit der Philosophie seiner Zeit, dem Neuplatonismus, zu verbinden, propagiert er unter anderem die sogenannte negative Theologie. Das heißt, er beschreibt Gott vor allem dadurch, dass er zusammenstellt, was Gott alles *nicht* ist; er will den Gottesbegriff also vor der Einengung durch menschliches Denken und Sprechen bewahren. Der mittelalterliche deutsche Mystiker Meister Eckhart wiederum, der sich mehr als »Lebemeister« denn als Lehrmeister verstand, predigt die Gelassenheit als Freiheit des Menschen von sich, zu der er durch Gotteserfahrung kommen kann. Diese Gelassenheit muss so weit gehen, dass der Mensch sogar bereit ist, »Gott um Gottes willen zu lassen«. Sie wird zu einer Grundtugend der Frömmigkeitsgeschichte. Die *hilaritas*, die »heitere Gelassenheit« der Kirchenväter klingt hier an. Heiterkeit als leise Form des Humors gepaart mit der Freiheit, sich selbst und andere loslassen zu können.

Der an der Schwelle zur Neuzeit stehende Kirchenpolitiker und Theologe Nikolaus von Kues versucht die letzte Tiefe unseres Denkens und Seins als *coincidentia oppositorum* zu erfassen. Damit meint er, dass in Gott, der über unserem Denken steht, die Gegensätze, die wir erfahren, zusammenfallen, also Hell und Dunkel, Gut und Böse, Sein und Nichtsein. Konsequent fortgeführt würde dies bedeuten, für den Mystiker bleibt es letzten Endes unbestimmt, ob Gott existiert oder nicht. Denn in der tiefsten Gelassenheit fällt beides in eins.

Trotz der Offenheit in der Frage nach der Existenz Gottes scheinen die Mystiker von einem Urvertrauen getragen zu sein, das sie auch in Phasen der Einsamkeit und gefühlten Gottverlassenheit prägt. Denken wir nur an die großen Mystiker des 16. Jahrhunderts wie Johannes vom Kreuz oder seine Zeitgenossin Theresia von Avila, die in ihren bildhaft geschilderten Phasen der »dunklen Nacht« und der »inneren Wüste«, die sie durchleben, das Vertrauen nicht verlieren. Der große jüdische Religionsphilosoph Martin Buber benennt das Objekt dieses Urvertrauens mit dem Pronomen »Du«. Gottvertrauen wird so zur Metapher eines Grundvertrauens auf den Fortgang des Lebens. Die biblische

Tradition, beginnend mit dem Apostel Paulus, bezeichnet diese Haltung als »Tugend der Hoffnung«, also ein
grundsätzlich positives Erwarten der Zukunft auch jenseits des ganz persönlichen Todes. Diese »Tugend der
Hoffnung« manifestiert sich im Bild eines gütigen Vaters, dem sein Kind spontan Vertrauen schenkt. Ohne
diese Haltung des Vertrauens ist eine Bildung des Herzens nicht möglich. Spiritualität als eine der Säulen der
Herzensbildung kann aber wohl nur über den Weg des
Einübens innerhalb der Zeichen-, Symbol- und Ritual-
welt einer konkreten Religion erreicht werden.

Das Christentum, eine der prägenden Kräfte unserer
westlichen Gesellschaften, hat nach dem zeitgenössischen italienischen Philosophen Gianni Vattimo vor allem zwei Werte in unsere Kultur eingetragen, die *kenosis*
(griechisch: Entäußerung, Erniedrigung) und die *caritas*
(lateinisch: Nächstenliebe). Die Entäußerung Gottes,
wie sie uns in der Geschichte Jesu von Nazareth überliefert ist, kennzeichnet die Wendung von der Allmacht
zur Ohnmacht Gottes, die durch das Kreuz symbolisiert
wird, und als wirkmächtigen Weg für ein gelingendes
Leben die Haltung der Liebe und des Altruismus im Zusammenleben der Menschen.

Alle Religionen haben einen lehrmäßigen Teil, mit
dem sie Gott, die Welt und den Menschen erklären;
einen ethischen, der helfen soll, ein gutes, ausgeglichenes Leben zu führen, und einen ästhetisch-liturgischen,
der mithilfe der jeweiligen Kunst und Kultur das gemeinsam und allein vollzogene Gebet gestaltet und mit
zeitgenössischen Formen umgibt. Vom Christentum

kennen wir die Dogmen, das heißt die Lehrsätze, wie etwa den von der Dreifaltigkeit Gottes, im Judentum und Islam wird dieses Gottesbild strikt abgelehnt und die Einheit und Einzigkeit Gottes betont. Die Moral und Ethik wird im Buddhismus vom Mitleid allem Lebendigen gegenüber bestimmt, Judentum und Christentum legen dem sittlichen Verhalten der Menschen die zehn Gebote des Propheten Mose zugrunde. Das fünfmalige Gebet der Muslime in Richtung Mekka, der Sabbat der Juden, die sonntägliche Gottesdienstversammlung der Christen, jeweils in Moscheen, Synagogen und Kirchen mit Musik, ornamentaler oder bildhafter Kunst, in herrlicher Architektur: all dies legt Zeugnis ab von einer weltprägenden Geschichte der Religionen.

Neben diesen offiziellen liturgischen Formen der Ausübung von Religion gibt es den eher personenbezogenen Bereich, der heute mit den Begriffen Meditation oder Kontemplation bezeichnet wird. Das lateinische Wort *meditari* bedeutet ursprünglich nachsinnen, studieren und weist auf die antike Praxis des lauten Lesens von Literatur hin. Benedikt von Nursia verpflichtet seine Mönche neben dem gemeinsamen Psalmengebet zur täglichen *lectio divina,* dem Bedenken und Aneignen frommer Texte durch Auswendiglernen. Mit dem Wort Kontemplation verbindet man heute eher das vom asiatischen Mönchtum beeinflusste Leerwerden von eigenen Gedanken. Die Konjunktur von Meditations- und Selbsterfahrungskursen unserer Tage ist nicht nur eine Modeerscheinung wohlstandsgesättigter grüner Witwen und stressgeplagter Manager, sondern Anzeichen für ein Bedürfnis des Menschen, Anleitung zu erhalten, um immer wieder einmal aus dem Alltagstrott herauszufinden und die Tiefen des eigenen Herzens zu ergründen.

Darin liegt eben paradoxerweise der tiefste, eigentliche Nutzen bzw. Zweck von Religion: dass sie einen primär zweckfreien Raum zugänglich machen will, der markiert ist mit den Begriffen Vertrauen und Glauben, Innerlichkeit, Erfahrung und Gelassenheit. Mit dem Fortschreiten der religiösen Praxis wird der dogmatische, appellative und rituelle Teil einer Religion immer unwichtiger. Ein Freund von mir formulierte einmal: »Je älter ich werde, umso unwichtiger wird für mich, *was* ich glaube, umso wichtiger aber, *wie* ich glaube.« Und Benedikt von Nursia drückt es am Ende des Prologs seiner Regel so aus: »Wer im Glauben fortschreitet, dem wird das Herz weit.« Das weite Herz als Ziel des Fortschritts ist ein schönes Bild aus diesem frühmittelalterlichen »Organisationshandbuch« einer effektiven und auf das christliche Menschenbild ausgerichteten Gemeinschaft für unseren modernen Begriff der Herzensbildung.

# ZWECKFREIHEIT

für die
Leistungsgesellschaft

*Nicht für die Schule, sondern für das Leben lernen wir.*

In unserer Gesellschaft scheint alles von der Frage nach der Nützlichkeit, der Verwert- und Verwendbarkeit der jeweiligen kulturellen Errungenschaften geprägt zu sein. Alles und jedes muss einen Zweck haben und seine vor allem ökonomische Effizienz erweisen können. Im wirtschaftlichen Bereich spricht man dann von Produktivität und Effektivität, im Bereich der persönlichen Entwicklung von Durchsetzungsvermögen oder im Anglizismus der globalisierten Welt von *leadership*. Alle menschlichen Bereiche werden vom Gesichtspunkt der Ökonomie und damit der Wirtschaftlichkeit aus betrachtet, sie werden bewertet, aber nicht in einem moralischen Sinne, sondern rein monetär. Dinge müssen einen unmittelbar einsichtigen »Anwendernutzen« haben, sonst gelten sie nichts. Dies trifft heute auch in einem Maß auf zwei Bereiche unserer Lebensgestaltung zu, die sich diesem Phänomen gut zweihundert Jahre weitgehend entzogen haben: Ich meine die Bereiche des Religiösen und der Kunst und Kultur. Nicht, dass Religionen und Kirchen nicht schon immer gewusst hätten, dass eine irdische Organisation über Geld, Besitz und Vermögen verfügen müsse, um in dieser Welt wirken und bestehen zu können; und nicht, dass Künstler nicht schon immer danach gestrebt hätten, bekannt und berühmt zu werden und dadurch den Wert ihrer Werke zu steigern, dass sie mit Hingabe um Honorare mit den Auftraggebern und Mäzenen gefeilscht hätten. Aber das Geld wurde in erster Linie dazu verwendet, um einen Freiraum in unserer Gesellschaft zu schaffen, der eben nicht der Macht und dem Diktat des Finanzmarktes und der unmittelbaren Verwertbarkeit und Verzweckung unterworfen war. Heute hingegen ist der Bereich des Kulturellen zu einem bevorzugten Tummelplatz für Politik und Wirtschaft geworden, Kunst- und Kulturministerien sind eifersüchtig gehütete Gehege der kulturellen Identität und regionalen Besonderheit eines Staates oder einer Region. Damit sind sie auch der überbordenden Bürokratisierungs- und Regelungswut von eigentlich zur Subsidiarität verpflichteten übergeordneten Verwaltungs- und Regierungsstellen unterworfen. Kunst, Kultur und Religion werden »verzweckt« – eine paradoxe Situation, ist ihr Zweck doch eigentlich, einen zweckfreien Raum bereitzustellen. Zumindest für den Kunstfreund, den Leser, den Betrachter eines Werkes muss die Kunst einen Raum schaffen, der frei von dem ansonsten überall zu verspürenden Druck ist, eine mess-

bare Leistung erbringen zu müssen. Mögen zum The-
ater- oder Museumsbesuch animierte Ehemänner oder
Kinder dies gelegentlich auch anders empfinden …

Begründet wurde dieses Nützlichkeitsdenken in der
europäischen Geistesgeschichte zum ersten Mal theoretisch durch den sogenannten Utilitarismus (vom lateinischen *utilis*, »nützlich«), einer Folge der Philosophie
der Aufklärung. Der Utilitarismus erkennt den Zweck
des menschlichen Handelns in dem Nutzen, der »Wohl-
fahrt«, die einem Einzelnen bzw. einer Mehrheit von
Einzelnen widerfährt, und wird damit zu einer treiben-
den Kraft der Ökonomie der Moderne. Jeremias Bentham, der Begründer des Utilitarismus, setzt dabei die
Kategorien »gut« und »nützlich« gleich; die Gesellschaft
hat die Aufgabe, »das größte Glück der größten Zahl«
anzustreben. In Verbindung mit dem anderen großen
Paradigma der Moderne, dem des persönlichen Individualismus, führt ein solches Denken zu einer Art von
Kosten-Nutzen-Analyse jeder Handlung, die sich nicht
nur im wirtschaftlichen Zusammenhang in der banalen
Frage »Was bringt mir das?« auf den Punkt bringen lässt.

Dieses Nützlichkeitsdenken, das vor allem das unmittelbar Anwendbare im Auge hat, greift auch zunehmend Raum im Bereich der Bildung und Erziehung.
Viele Eltern machen heute die Erfahrung, dass ihre Kinder in der Schule vor allem mit Faktenwissen vollge-
stopft werden, wobei das Lernverhalten in erster Linie
nach einem betriebswirtschaftlichen Effizienzprinzip
organisiert wird. Sollte es aber nicht vorrangig um die
Ausbildung der Persönlichkeit heranwachsender Men-

schen gehen? Unter dieser Prämisse müsste sich der
Fokus vom Anhäufen zum Teil absurden Spezialwissens
hin zu einer kreativen Heranführung an den Umgang
mit der kulturellen Tradition verschieben. Gleiches gilt
für die Bereiche Spiel und Sport, die für die Entwicklung
auch des Sozialverhaltens entscheidend sind. Nur sollten Eltern und Lehrer darauf achten, dass sie an diesen
kreativen, spielerischen Bereich nicht die Maßstäbe
des Utilitarismus anlegen. Es gilt aufzupassen, dass Eltern ihre Kinder nicht zu Opfern ihres eigenen Ehrgei-
zes machen. Die vielfältigen Nachmittagsangebote, die
einen regelrechten oft von der Mutter gemanagten Fahr-
dienst zu Sport, Gruppenstunden und Reitunterricht
nötig machen, reduzieren die für die Persönlichkeitsentwicklung eines Kindes nötige zweckfreie Zeit. Ein
Beispiel aus meinem Bekanntenkreis mag dies illustrie-
ren. Ein Familienvater, selbst begeisterter Freizeitsport-
ler, erzählte von einem Elternabend im Hort seiner Kinder. Alle anwesenden Väter und Mütter waren stolz auf
die vielfältigen Angebote, die gerade ihr Hort ihren Kindern zusätzlich zur Hausaufgabenbetreuung anbot. Sie
empfanden es als attraktiv, dass die Kinder dort ein Ins-
trument lernen, verschiedene Sportarten trainieren und
auch sonst nützliche Kurse in Handarbeit, Werken und
Basteln besuchen konnten. Die Eltern waren überrascht
und auch betroffen, als die Erzieherinnen berichteten,
sie hätten das Gefühl, dass die gehäuften Angebote, die
sie auf dringenden Wunsch der Eltern organisierten,
deren Kinder von ihrem tiefsten Wunsch, in ihrer Freizeit »einfach nur spielen« zu wollen, abhalten würden.

Den Eltern ging plötzlich auf, dass das, was sie zunächst für einen großen Vorteil hielten, die Entwicklung ihrer Kinder möglicherweise behinderte. Denn diese benötigen zu ihrer Entwicklung mindestens genauso das zweckfreie Spiel wie das zielgerichtete Training von Geist und Körper. Dabei haben gerade Spiele einen Nutzen für das Leben. Sie werden zwar zum Vergnügen, zur Entspannung, allein aus Freude ausgeführt, besonders bei Gemeinschaftsspielen braucht es dafür aber Regeln, die eingehalten werden müssen. In der individuellen Formung des Menschen, aber auch vieler Tierarten, nimmt das Spiel eine wichtige Rolle ein. Es fördert die Fähigkeiten des Denkens, des Bewegens und die Entfaltung der Phantasie. Im Spiel kann man eine Metapher für das Leben an sich sehen: Man lernt, mit den verschiedenen Phänomenen wie Glück, Sieg, Niederlage umzugehen, entwickelt Geschicklichkeit und Strategie und lernt, den Mitspieler als Partner zu respektieren.

# Das Spiel als Metapher des Lebens

Schon die ältesten Philosophen des griechischen Altertums haben dem Spiel eine kosmologische Bedeutung gegeben, indem sie die vermeintliche Ordnung der Welt mit den Ergebnissen eines kindlichen Spiels verglichen, auch wenn die »Kinder« in diesem Fall die Götter waren. Und der spanische Philosoph Fernando Savater schreibt: »Die spielerische Tätigkeit hat kein anderes

Ziel, setzt sich kein anderes Modell und hat keinen anderen Nutzen als ihre eigene Erfüllung – wie das großartigste aller Spiele, das wir ›Kosmos‹ nennen.« Friedrich Schiller wiederum, der große deutsche Klassiker, erkannte die spezifische Qualität des Menschlichen eben in seiner Fähigkeit zum Spiel: »Der Mensch spielt nur, wo er in voller Bedeutung des Worts Mensch ist, und er ist nur da ganz Mensch, wo er spielt.«

Sind es nicht herrliche Bilder, die vor unserem inneren Auge vorbeiziehen: junge und alte Männer in griechischen Tavernen, versunken und doch voller Aufmerksamkeit ihrem Kartenspiel hingegeben, das uralte Brettspiel Backgammon in arabischen Teehäusern, wo die Würfel und Spielsteine mit ungeheurer Schnelligkeit und mit höchstem Geschick über das Spielfeld wandern. Bilder voll meditativer Konzentration und gleichzeitig höchster Hingabe in der Wiederholung des immer Gleichen: Spielzug um Spielzug, wiederkehrend nach Sieg oder Niederlage. Die Schafkopf spielenden Mönche in den bayerischen Klöstern während der abendlichen Rekreation tauchen vor meinem inneren Auge genauso auf wie die über einem Schachbrett in Gedanken versunkenen Männer in den Cafés von St. Petersburg.

Savater führt weiter aus: »Das wahre Spiel beginnt, wenn wir eine sich selbst genügende und selbstbezügliche symbolische Welt schaffen, in der sich eine Tätigkeit entfaltet, die sich selbst die erforderlichen Regeln setzt. Diese Welt hat natürlich etwas mit dem täglichen Leben zu tun, das sie in gewisser Weise nachahmt und reflektiert. Doch sie erschüttert auch dessen Normen und löst sich von den tödlichen Zwängen der Notwendigkeit.« Das zweckfreie Spiel fördert die Phantasie des Menschen, die schöpferische und kreative Fähigkeit unseres Geistes, innere Bilder, oder überhaupt eine »Innenwelt« zu erschaffen. Im zwischenmenschlichen Bereich ist Phantasie Voraussetzung für Empathie, also für die Fähigkeit, sich in andere Menschen einzufühlen und sie zu verstehen; Kreativität und Kunst haben ohne Phantasie keine Chance, zur Entfaltung zu kommen. Der deutsche zeitgenössische Philosoph Odo Marquard, ein konservativer Skeptiker, spricht von einer Balance der Werte durch Kompensation: »Mängel werden kompensiert, d.h. entschädigt, durch Bonitäten.« Angewandt auf unser Thema bedeutet dies: Nimmt für den Menschen die Gelegenheit zum zweckfreien Spiel ab, so wird er umgekehrt die vielfältigen Zwecke und Zwänge der ökonomisierten Welt zum Spiel mutieren. Ist denn die Börse nicht nur ein großes Spielfeld für Zocker, die auf Baisse oder Hausse setzen?

Wie gefährlich sich diese Gesetzmäßigkeit der Kompensation auswirken kann, erleben wir in der globalisierten Welt in regelmäßigen Abständen bei Börsenabstürzen nach irgendwelchen flapsigen Nebenbemerkungen von Politikern oder Wirtschaftlern, seien sie nun absichtlich lanciert oder aus Dummheit herausgeplaudert. Hier wird im wahrsten Sinn des Wortes mit dem Schicksal von Menschen gespielt. Das Spiel hat seine Unschuld, sprich seine Zweckfreiheit verloren.

Wir müssen also wieder lernen – und das gilt für den Einzelnen wie für die Gesellschaft –, das rechte Maß zu finden zwischen der Zeit, in der zielgerichtet gearbeitet wird, und der Freizeit. Sie muss wirklich eine Zeit sein, die frei ist von Nützlichkeitsdenken, von Verzweckung und dem Bestreben, unmittelbar ablesbare Erfolge zeitigen zu müssen.

Was wir heute Freizeit nennen und schon im Wort vom Gegenteil her definieren (»eine Zeit, die frei ist vom zweckgebundenen Tun«), bezeichnete die Antike als Muße, Lateinisch *otium*. Sie ist leider im Zuge der abendländischen Hochschätzung der Arbeit immer wieder als Müßiggang diffamiert worden. All die großen Gedanken der Menschheit wären ohne diese Kunst des Müßiggangs nicht gedacht worden. Die Muße ist eine Zeit des erfüllten Nichtstuns, nicht des Faulenzens. Heute würde man sie vielleicht als eine Zeit beschreiben, in der man »die Seele baumeln lassen« kann, in der man eine Freiheit im Umgang mit Zeit und Raum erfährt. Für das Erlernen dieser Freiheit gilt noch viel mehr der altbewährte Spruch: »Was Hänschen nicht lernt, lernt Hans nimmermehr«, als für das Anhäufen von Faktenwissen, zu dessen Rechtfertigung er für gewöhnlich zitiert wird. Denn wenn ein Kind schon von klein an darauf getrimmt wird, sei es in der Schule oder im Elternhaus, alles Lernen nur unter dem Aspekt der Informationsanhäufung zum Zwecke späterer Produktivität im Wirtschaftsprozess anzusehen, wenn ihm die Möglichkeit genommen wird, Kunst, Kultur und Spiel in zweckfreiem Raum zu erproben, wird sein Herz verkümmern und der erwachsene Mensch nur noch als Maschine reproduzierbarer Abläufe funktionieren.

# Die Ökonomisierung
# der Kultur

Für Kunst, Kultur und Religion gilt das gleiche Paradox wie für das Spiel: Ihr Zweck ist es, einen Raum der Freiheit von Verzweckung und Leistungsdenken zu schaffen. Religion und Kunst haben einen engen Bezug zueinander: zum einen hergestellt durch die Kreativität des Künstlers, der allein schon aufgrund seiner Fähigkeit des Schaffens aus dem Nichts dem Schöpfer aller Dinge nahe zu kommen scheint. Schon die frühesten menschlichen Kunstwerke geben Zeugnis von der Vorstellung des Numinosen und Transzendenten, den Bereichen, die sich dem rationalen, verstandesmäßigen Zugriff entziehen und doch nur durch menschlich verstehbare Zeichen dargestellt werden können. Kunst war zuallererst religiöse Kunst, ehe sie sich bis zum Kunstverständnis der Neuzeit aus ihrer Dienstfunktion emanzipierte und nur um ihrer selbst willen *(l'art pour l'art)* betrieben wurde. Der Mensch der Früh- und Vorgeschichte hingegen schuf Kunstwerke, die dem alltäglichen Gebrauch entzogen und nur zu besonderen Gelegenheiten zugänglich waren. Das künstlerisch gestaltete Objekt erfüllte offenbar von Anfang an primär keinen praktischen Zweck. »Das Überflüssige, der Luxus also, das *mehr als* und niemals Zweckgebundene gehört seit jeher zu den Eigenschaften, mit denen man Kunst zu umschreiben suchte« (Irenäus Eibl-Eibesfeldt und Christa Sütterlin). Es geht dabei um eine Form des Luxus, die nach dem gängigen Sprachgebrauch gar kein Luxus ist, sondern

eigentlich das Vermögen bezeichnet, mit einem Werk
etwas bewirken zu können.

Mich persönlich hat der moderne Kunstbegriff, der
nichts mehr mit der Darstellung des Schönen und Heiligen zu tun haben will, seit je fasziniert. Zum ersten Mal
erfasst habe ich ihn ausgerechnet auf einer Pilgerfahrt
ins Heilige Land. Ich schlenderte mit meinem Freund
Ludwig Denk, einem Künstler, durch das Israel Museum
von Jerusalem, als er mich auf eine Replik des »Fountain« von Marcel Duchamp aufmerksam machte. 1917
hatte sich Duchamp bei einem New Yorker Händler für
Santitätsbedarf ein Urinal, also ein Pissoirbecken für
öffentliche Bedürfnisanstalten, besorgt, dieses mit einem Pseudonym signiert und es dann unter dem Titel
»Fountain« bei einer Ausstellung eingereicht. Ihm war
bewusst, dass er damit gegen alle Regeln des traditionellen Kunstbetriebs verstieß und eine Zurückweisung des
Werks provozierte, was auch prompt geschah. Während
das heute verlorene Original nur noch durch eine Foto-
grafie überliefert ist, existieren weltweit jede Menge
Repliken des Stücks – und das gibt Duchamp recht.
Sein Akt des autonomen Künstlers, der von sich behauptet, allein durch seinen schöpferischen Willen, seine
Signatur werde ein Alltagsgegenstand zu einem Kunstwerk, das ist es, was mich heute noch elektrisiert. Neun
Jahre Kunsterziehung in der Schule, meine vielen inzwischen absolvierten Museumsbesuche, all dies hatte mir
nicht vermitteln können, was Kunst in der Moderne
bedeutet. Erst die kurze Erklärung eines befreundeten
Künstlers am Rande einer Pilgerreise löste blitzartig die

Erkenntnis aus: Kunst ist das, was der Künstler als solche definiert!

Dennoch bleibt ein recht banal klingender Satz wahr: Kunst kommt von Können. Und zwar nach Wilhelm Schmid in einer dreifachen Dimension. Auf einer kreativen Ebene muss der Künstler sich die Möglichkeiten zur Gestaltung erschließen, auf der technischen Ebene geht es zweitens um deren Realisierung, die schließlich drittens kunstvoll im Sinne von »gekonnt« geleistet werden soll.

Beschäftigung mit Kunst, sei sie schöpferisch oder rezeptiv, vermittelt das rechte Verhältnis eines Aktes der Wahl und der Anwendung von Regeln. Die Herangehensweise an das Thema wie auch deren Beurteilung und Bewertung geht von einer subjektiv getroffenen Entscheidung aus und bedient sich für die Realisierung bestimmter Regeln, Maximen und Techniken. Aus beidem wird ein Kunstwerk »geformt«, also in eine Form gebracht, die aber nicht starr sein darf, sondern offen für Transformation, Modifikation und Veränderung bleiben muss. Gerade in der rechten Mischung von Wahl, Regeln und Form erweist sich die Einmaligkeit des jeweiligen Künstlers auch in seiner Entwicklung und Reifung.

Neben der bildenden und darstellenden Kunst, der Musik, bestimmt unseren Kunstbegriff vornehmlich die Dichtung. Sie ist sicher auch die Kunstform, mit der wir im Bereich der Schule als Erstes konfrontiert werden. Wer denkt nicht mit Schaudern und doch wehmütig an die Gedichte zurück, die er im Unterricht auswendig lernen musste. Damals erschien es den meisten als eine Bestätigung des spöttisch umgekehrten Satzes: *Non vitae, sed scholae discimus.* Jeder, der später Zeilen, Strophen, Verse von Gedichten oder aus den Klassikern der Bühnenliteratur zur jeweiligen Situation passend zitieren kann, dem wird das Wort Dichtung klar: Hier verdichten sich menschliche Urerfahrungen in Worten und Bildern genialer Menschen beispielhaft für andere, hier wird das Leben des Menschen greifbarer als in noch so klar definierten Formeln und Regeln.

## Entmythologisierung
## heißt Entwurzelung

Doch mit dem Siegeszug der sogenannten exakten Wissenschaften hat auch das Phänomen der Entmythologisierung um sich gegriffen. Mythen sind Geschichten, mit deren Hilfe der Mensch erzählerisch die Welt und ihre Gesetzmäßigkeiten deutet, an Lebensläufe von Menschen mit beispielhafter Ethik erinnert und über Fest- und Feiertraditionen berichtet. Sie gehören zum vitalen Umgang mit dem Leben. »Das Wissen hat es mit Wahrheit und Irrtum zu tun, die Geschichten mit Glück und Unglück: ihr Pensum ist nicht die Wahrheit, sondern der *modus vivendi* mit der Wahrheit«, so Odo Marquard. Heute muss man die Begegnung mit diesen Geschichten bewusst suchen, um jenem reinen Nützlichkeitsdenken von Bildung und Erziehung entfliehen zu können. Doch gerade die in Geschichten verborgenen komplexen Wahrheiten sind es wert, gehört zu werden. Es kommt nicht von ungefähr, dass Geschichte als Schulfach und die Reduzierung von Literatur auf reine Textanalyse oft genug als uninteressant erfahren wird. Welches Vergnügen bereitet es mir, an regnerischen Nachmittagen oder kalten Winterabenden einen dicken historischen Roman zu lesen, auf dessen Seiten ich in eine ferne, versunken scheinende und doch so gegenwärtige Welt eintauchen kann. Die Erfahrung, dass die Menschen sich in ihren Grundzügen über die letzten Jahrtausende nicht geändert haben, wurde mir in romanhafter Darstellung bewusster als in allem auswendig Gelernten.

Und ich wage zu bezweifeln, allen Beteuerungen heutiger Pädagogen zum Trotz, dass die modernen Medien die Fähigkeit befördern, die Wirklichkeit unserer Welt zu bewältigen. Spektakuläre Erfolge wie die Verfilmung von Tolkiens »Herr der Ringe« oder die nächtlichen Warteschlangen vor den Buchhandlungen, in denen der neueste Harry-Potter-Band zum Verkauf liegt, weisen darauf hin, dass offenbar ein Defizit der Alltagswelt kompensiert werden will. Es geht um ein Eintauchen in eine fremde Welt, die doch auch von den immer wiederkehrenden alten Themen der Menschheit handelt: vom Kampf des Guten gegen das Böse, von der Unterscheidung zwischen Wahr und Falsch und der Erfahrung des Unterschieds von Hässlich und Schön!

Warum sind die Gleichnisse der Evangelien und die Erzählungen des Alten Testaments eindringlicher und prägender als die Artikel und *canones* der Katechismen

und Dogmatik-Handbücher? Welche Konzilsdefinition
des allgütigen Gottes kann so lebendig über die Barmherzigkeit des von Jesus verkündigten Vaters erzählen
wie sein Gleichnis vom verlorenen Sohn und dessen
kongenialer Übertragung ins Bildhafte durch Rem-
brandt? Dieses etwas verschwimmende, schemenhafte
in Rotbraun gehaltene Bild des Vaters, der schützend,
bergend, willkommenheißend, wortlos verzeihend den
vor ihm knienden Sohn in seine Arme schließt. Gibt es
eine schönere Darstellung dessen, was das Christentum
mit der Chiffre Auferstehung meint, als die Erzählung
vom Weg der beiden tieftraurigen Jünger hinaus aus
Jerusalem über die fünfzig Stadien bis zum Erkennen
Jesu beim gemeinsamen Mahl in Emmaus? Zahllose
mehr oder weniger begabte Künstler haben sich an diesen Themen versucht und sie in Wort und Bild wieder-
gegeben. Diese Kunstwerke zu lesen, zu betrachten, den
tiefen Schichten in ihnen nachzugehen, trägt Wesentli-
cheres zur Herzensbildung bei als trockenes Aufzählen
genau definierter Glaubenswahrheiten.

Von Anfang an sucht der Mensch nach etwas, das ihm
hilft, die Vielfältigkeit und scheinbare Widersprüchlich-
keit der ihn umgebenden Welt zu deuten und zu ordnen,
er sucht nach Sinn. Den Religionen, die dafür ebenfalls
Antworten bereitstellen, hat die Kunst die Sinnlichkeit
voraus. Wenn für sie gilt: »Durch die Sinne kommt Gott
in den Sinn«, dann noch viel eher für die Kunst. Viele
meiner kunstverständigen Freunde schütteln ungläubig
den Kopf, wenn ich ihnen davon erzähle, wie unmittelbar »sinnlich« mich das Oeuvre von Joseph Beuys

anspricht. Beim Betrachten seiner Objekte wie dem »Fettstuhl« verspüre ich, salopp gesagt, »im Bauch« mehr vom Zeit- und Weltgeist und ihrem Kampf als in noch so »vom Kopf« gesteuerten Abhandlungen darüber. Oder das Anhören einer meiner Lieblingsarien, jenes »Dove sono i bei momenti« der Gräfin in Mozarts »Die Hochzeit des Figaro«: Sie ruft in mir ganze Kaskaden von Gefühlen und Gedanken über das Vergehen von Liebe und der Hoffnung auf ihre Wiedergewinnung hervor. Kein Philosoph, Psychologe oder Pädagoge kann das durch seitenlange Analysen so eindrucksvoll beschreiben wie diese so einfach klingende, leise klagende Melodie. Und immer wieder kann man ein Kunstwerk betrachten oder hören, zu jeder Zeit wird seine Sprache anders gelesen und verstanden, und doch ist es die immer gleiche Botschaft vom Leben, Leiden und Sterben der Menschen. Die Offenheit, diese Botschaft zu hören, Antworten auf die Fragen nach dem »Woher?« und »Wohin?« zu suchen, gehört zur Herzensbildung genauso wie das Erlernen der Fähigkeit, diese Fragen überhaupt zu stellen.

Die Beschäftigung mit Kunst und Kultur dient dabei der Verortung des Menschen in Raum und Zeit. Wobei unter Kunst nicht ausschließlich die Hochkultur im Sinne der gehobenen Feuilletons verstanden werden sollte. Es geht vielmehr um das Bleibende, das in der Erinnerung einer Kultur immer wieder Vergegenwärtigte. Aus der Tiefe der Erinnerung steigen stets von neuem Kunst-»stücke« auf, andere versinken im Vergessen. Das wirklich Prägende aber hält sich in seinen

Grundzügen und wird von jeder neuen Generation ab-
gewandelt und fortentwickelt. Die Teilhabe daran weitet
das innere und äußere Auge für den Wert der Tradition
und den Auftrag zur Erneuerung. Nur ein weites Herz
kann auch weit offen gehaltene Sinne ertragen, gerade
durch die sinnliche Erfahrung unserer Welt und ihre
Deutung durch die Künstler wird die Persönlichkeit
eines Menschen, sein »Herz«, gebildet und befähigt, in
dieser Welt sinnvoll zu leben.

# ZUM SCHLUSS

*E*in wunderschönes Beispiel dessen, was Herzensbildung meinen könnte, findet sich in dem Brief von Matthias Claudius an seinen Sohn Johannes, den der Dichter, der sich in seinen späten Jahren zunehmend vom kalten Rationalismus des Aufklärertums abwandte, 1799 verfasste und im »Wandsbeker Boten« veröffentlichte. Claudius, dessen finanzielle Lage stets prekär war, gab ihm das Motto mit: »Gold und Silber habe ich nicht; was ich aber habe, gebe ich dir.« Aufmerksam gemacht auf diesen Text hat mich ein Freund, der von seinem greisen Vater, einem altgedienten Diplomaten, eine Abschrift überreicht bekam mit der Randnotiz: »Lieber Sohn, Besseres als dies kann ich Dir nicht hinterlassen. Dein Vater.« Seither lese ich ihn immer wieder einmal, wenn ich das Gefühl habe, dass mich die Welt des wirtschaftlichen Kalküls und der exakten Wissenschaft zu sehr in Beschlag zu nehmen droht. Er ist mir zu einer »Trostschrift« geworden, fast im biblischen Sinn; zu einem Stück Erbauungsliteratur in wörtlichem Sinn: er hilft, aufzurichten und wieder Mut zu geben in diesem manchmal doch sehr oberflächlichen Getriebe. Claudius versteht es, ganz alltagstaugliche Ratschläge mit überzeitlichen Weisheiten zu verbinden. Dabei gelingt es ihm, dem Pfarrerssohn, religiöse Weite und modern anmutende Toleranz mit einer kindlichen Frömmigkeit in Einklang zu bringen. Er ist ein Kind der Aufklärung, und doch lässt er sie weit hinter sich, weil bei ihm die herzliche Empfindung die rationale Kälte überwindet. Mich persönlich hat dieses Vermächtnis eines Dichtervaters an seinen Sohn unmittelbar berührt, sozusagen ins Herz getroffen, weil er alle Lebensbereiche streift, die zur Formung eines reifen und weisen Menschen gehören. Die Form des »Letzten Willens« hat darüber hinaus etwas Verbindliches ohne die Attitüde des zu Recht abgelehnten erhobenen moralischen Zeigefingers. Mag die Sprache eines Lyrikers und Journalisten des ausgehenden 18. Jahrhunderts in unseren Ohren manchmal zu empfindsam erscheinen, so lohnt es sich dennoch, diesen Text als Impuls für die Herzensbildung der kommenden Generationen immer wieder zu erwägen. Deshalb sei er am Ende dieses Buches den Lesern ans Herz gelegt.

# BRIEF VON MATTHIAS CLAUDIUS AN SEINEN SOHN JOHANNES (1799)

*Gold und Silber habe ich nicht;*
*was ich aber habe, gebe ich dir.*

Lieber Johannes!

Die Zeit kommt allgemach heran, daß ich den Weg gehen muß, den man nicht wiederkommt. Ich kann Dich nicht mitnehmen und lasse Dich in einer Welt zurück, wo guter Rat nicht überflüssig ist. Niemand ist weise von Mutterleibe an, Zeit und Erfahrung lehren hier und fegen die Tenne. Ich habe die Welt länger gesehen als Du. Es ist nicht alles Gold, lieber Sohn, was glänzt, und ich habe manchen Stern vom Himmel fallen und manchen Stab, auf den man sich verließ, brechen sehen. Darum will ich Dir einigen Rat geben und Dir sagen, was ich gefunden habe und was die Zeit mich gelehrt hat.

Es ist nichts groß, was nicht gut ist und ist nichts wahr, was nicht besteht. Der Mensch ist hier nicht zu Hause und er geht hier nicht von ungefähr in dem schlechten Rock umher. Denn siehe nur, alle andre Dinge hier, mit und neben ihm, sind und gehen dahin, ohne es zu wissen; der Mensch ist sich bewußt und wie eine hohe bleibende Wand, an der die Schatten vorübergehen. Alle Dinge mit und neben ihm gehen dahin, einer fremden Willkür und Macht unterworfen; er ist sich selbst anvertraut und trägt sein Leben in seiner Hand. Und es ist nicht für ihn gleichgültig, ob er rechts oder links gehe. Laß Dir nicht weismachen, daß er sich raten könne und selbst seinen Weg wisse.

Diese Welt ist für ihn zuwenig und die unsichtbare siehet er nicht und kennet er nicht. Spare Dir denn vergebliche Mühe und tue Dir kein Leid und besinne Dich Dein. Halte Dich zu gut, Böses zu tun. Hänge Dein Herz an kein vergänglich Ding. Die Wahrheit richtet sich nicht nach uns, lieber Sohn, sondern wir müssen uns nach ihr richten. Was Du sehen kannst, das siehe und brauche Deine Augen und über das Unsichtbare und Ewige halte Dich an Gottes Wort. Bleibe der Religion Deiner Väter getreu und hasse die theologischen Kannengießer. Scheue Niemand so viel, als Dich selbst. Inwendig in uns wohnt der Richter, der nicht trügt und an dessen Stimme uns mehr gelegen ist, als an dem Beifall der ganzen Welt und der Weisheit der Griechen und Egypter.

Nimm es Dir vor, Sohn, nicht wider seine Stimme zu tun und was Du sinnest und vorhast, schlage zuvor an Deine Stirne und frage ihn um Rat. Er spricht anfangs nur leise und stammelt wie ein unschuldiges Kind; doch, wenn Du seine Unschuld ehrst, löset er gemach seine Zunge und wird Dir vornehmlicher sprechen. Lerne gerne von ander'n und wo von Weisheit, Menschenglück, Licht, Freiheit, Tugend etc. geredet wird, da höre fleißig zu.

Doch traue nicht flugs und allerdings, denn die Wolken haben nicht alle Wasser und es gibt mancherlei Weise. Sie meinen auch, daß sie die Sache hätten, wenn sie davon reden können und davon reden. Das ist aber nicht, Sohn. Man hat darum die Sache nicht, daß man davon reden kann und davon redet. Worte sind nur Worte und wo sie so gar leicht und behende dahin fahren, da sei auf Deiner Hut, denn die Pferde die den Wagen mit Gütern hinter sich haben, gehen langsameren Schrittes. Erwarte nichts vom Treiben und den Treibern und wo Geräusch auf der Gassen ist, da gehe fürbaß. Wenn Dich jemand will Weisheit lehren, so siehe in sein Angesicht. Dünket er sich noch und sei er noch so gelehrt und noch so berühmt, laß ihn und gehe seiner Kundschaft müßig. Was einer nicht hat, das kann er auch nicht geben. Und der ist nicht frei, der da will tun können was er will, sondern der ist frei, der da wollen kann, was er tun soll. Und der ist nicht weise, der sich dünkt, daß er wisse; sondern der ist weise, der seiner Unwissenheit inne geworden und durch die Sache des Dünkels genesen ist. Was im Hirn ist, das ist im Hirn und Existenz ist die erste aller Eigenschaften. Wenn es Dir um Weisheit zu tun ist, so suche sie und nicht das Deine und brich Deinen Willen und erwarte geduldig die Folgen.

Denke oft an heilige Dinge und sei gewiß, daß es nicht ohne Vorteil für Dich abgehe und der Sauerteig den ganzen Teig durchsäure. Verachte keine Religion, denn sie ist dem Geist gemeint und Du weißt nicht, was unter unansehnlichen Bildern verborgen sein könne. Es ist leicht zu verachten, Sohn, und verstehen ist viel besser. Lehre nicht andere, bis Du selbst gelehrt bist. Nimm Dich der Wahrheit an, wenn Du kannst und laß Dich gerne ihrentwegen hassen; doch wisse, daß Deine Sache nicht die Sache der Wahrheit ist und hüte, daß sie nicht ineinander fließen, sonst hast Du Deinen Lohn dahin. Tue das Gute vor Dich hin und bekümmere Dich nicht, was daraus werden wird. Wolle nur einerlei und das wolle von Herzen. Sorge für Deinen Leib, doch nicht so als wenn er Deine Seele wäre. Gehorche der Obrigkeit und laß die anderen über sie streiten. Sei rechtschaffen gegen Jedermann, doch vertraue Dich schwerlich. Mische Dich nicht in fremde Dinge, aber die Deinigen tue mit Fleiß. Schmeichle niemand und laß Dir nicht schmeicheln. Ehre einen jeden nach seinem Stande und laß ihn sich schämen, wenn er's nicht verdient.

Werde niemand nichts schuldig; doch sei zuvorkommend, als ob sie alle Deine Gläubiger wären. Wolle nicht immer großmutig sein, aber gerecht sei immer. Mache niemand graue Haare, doch wenn Du recht hast, hast Du um die Haare nicht zu sorgen. Mißtraue der Gestikulation und gebärde Dich schlecht und recht. Hilf und gib gerne, wenn Du hast und dünke Dir darum nicht mehr und wenn Du nicht hast, so habe den Trunk kalten Wassers zur Hand und dünke Dir darum nicht weniger. Tue keinem Mädchen Leides und denke, daß Deine Mutter auch ein Mädchen gewesen ist. Sage nicht alles, was Du weißt, aber wisse immer, was Du sagst. Hänge Dich an keinen Großen. Sitze nicht, wo die Spötter sitzen, denn sie sind die Elendsten unter allen Kreaturen. Nicht die Frömmelnden, aber die frommen Menschen achte und gehe ihnen nach. Ein Mensch, der wahre Gottesfurcht im Herzen hat, ist wie die Sonne, die da scheint und wärmt, wenn sie auch nicht redet. Tue was des Lohnes wert ist und begehre keinen. Wenn Du Not hast, so klage sie Dir und keinem anderen

Habe immer etwas Gutes im Sinn. Wenn ich gestorben bin, so drücke mir die Augen zu und beweine mich nicht. Stehe Deiner Mutter bei und ehre sie so lange sie lebt und begrabe sie neben mir. Und sinne täglich nach über Tod und Leben ob Du es finden möchtest und habe einen freudigen Mut und gehe nicht aus der Welt, ohne Deine Liebe und Ehrfurcht für den Stifter des Christentums durch irgend etwas öffentlich bezeugt zu haben.

Dein treuer Vater

# NACHWORT

*P*arentibus et magistris* – für meine Eltern und Lehrer«, so lautet die Widmung, die ich dem Buch vorangestellt habe.

Von wem sonst lernt man Herzensbildung? Sicher auch von Freunden und den sogenannten Peergroups, in denen sich ein junger Mensch bewegt. Doch, so habe ich den Eindruck, in diesen Kreisen gilt es eher, die Herzensbildung anzuwenden, die man von zu Hause mitbekommen hat, als sie dort zu suchen. Zumindest trifft das bei mir zu.

Deshalb möchte ich zuerst meiner Mutter danken, die schon seit über einem Jahrzehnt verstorben ist. Sie war eine »mulier fortis« wie es in der Bibel heißt, eine Frau stark an Willen und Gestalt, die es uns nicht immer einfach gemacht hat, mit ihr auszukommen. Aber sie hat sich wie ein Glucke um uns drei Kinder,

meinen Halbbruder Herbert, mich und meine wesentlich jüngere Schwester Susanne, gekümmert. Sie war ge-
lernte Bedienung, und hat dann in den verschiedenen
Betriebskantinen und in der Gaststätte, die meine Eltern
führten, hervorragend gekocht. Mein Vater hat mich
durch seine einfachen, stets handhabbaren Sprüche
geprägt, er hat bei allem einen ungeheuren Fleiß und
große Sparsamkeit an den Tag gelegt. (Vor allem Letzteres hat er wohl manches Mal bei mir schmerzlich ver-
misst.) Die Ehe, die meine Eltern führten, war nie span-
nungsfrei gewesen. Ich erinnere mich an einen Moment
beim Tod meiner Mutter, ich hatte ihr vorher die Sterbe-
sakramente gespendet, als mein Vater mit seiner Hand
zärtlich über den Kopf des Leichnams strich und sagte:
»Eine gute Ehe haben wir wohl nicht geführt.« Dieser
Moment stand mir immer vor Augen, wenn ich als Seelsorger zu Ehe- oder Familienangelegenheiten gefragt
war: Ich habe versucht, nie zu werten, sondern die
Vorteile eines kommunikativen Umgangs miteinander
herauszustellen.

Ich habe im elterlichen Betrieb nicht nur mein Ta-
schengeld selbst verdient, sondern insgesamt ein gewis-
ses unternehmerisches oder »betriebswirtschaftliches«
Grundwissen mitbekommen. Aber weil meine Eltern
nicht sehr viel Zeit für mich hatten, bin ich bei meinen
Großeltern väterlicherseits aufgewachsen. Von meiner
Omi, wie ich sie im Unterschied zur Brucker Oma,
der Großmutter mütterlicherseits, nannte, habe ich am
meisten von dem mitbekommen, was ich mit Herzensbildung umschreibe. Sie war grundgütig, dabei oft sehr

ängstlich in ihrem Denken, woran ich mich gerade in
der Pubertät gerieben habe, was aber ein hilfreicher
Lernprozess war. Meine Omi, eine Schneiderin von Beruf, hat die Englisch- und Lateinvokabeln abgefragt, obwohl sie sie kaum verstanden hat. Ansonsten hat man
sich in meiner Familie nie um die Schule gekümmert.
Der Erfolg war mir allein überlassen. Vor schlechten
Noten musste ich mich nicht fürchten. Es gab auch
keine nennenswerten Ausrutscher. Elternabende wurden nicht besucht – schon aus Zeitmangel nicht. Meine
Mutter hat in den neun Gymnasialjahren ein einziges
Mal (in der Küchenschürze) die Schule betreten, als der
Direktor eine Asthma-Kur genehmigen sollte.

Was hat meine Kindheit noch bestimmt? Obwohl
meine Eltern und Großeltern zwar katholisch waren,
aber nicht praktizierten, hat mich die Kirche von klein
auf fasziniert. Ich war, mit einer kurzen Unterbrechung
als Teenager, viele Jahre Ministrant und habe schon als
Bub zu Hause »Pfarrer« gespielt, das heißt, mit den
Nachbarskindern Tonerl und Popperl, die wiederum
mir ministrieren mussten, haben wir in von Omi ge-
schneiderten Gewändern Messe gehalten. Dann erinnere ich mich an zwei Religionsstunden ganz deutlich:
die eine behandelte den englischen Humanisten und
Staatsmann Thomas Morus, der erst 1935 heiliggespro-
chen worden war, und die zweite Stunde, in der der
Salesianerpater Hans Lindenberger, damals Kaplan von
St. Wolfgang in München-Haidhausen, mitreißend dargestellt hat, dass der Grund für das Bußsakrament, also

die sonst so gefürchtete und ungeliebte Beichte, nicht die Angst vor einem richtenden Gott, sondern die Liebe zu ihm sei. Ich hatte deshalb zeit meines Lebens keine Angst vor dem Beichtstuhl. Auch später nicht, als ich sozusagen auf der anderen Seite saß. Alles kann in Liebe verziehen werden.

Ja, es gab Lehrer, an die ich noch heute denke: Frau Fleischmann und Herr Hutter. Letzterer hat begonnen, die Freude an der Literatur in mein Herz zu legen, als er uns jeweils die letzten Tage vor den Ferien Kapitel für Kapitel aus dem Buch seines Freundes Michael Ende »Jim Knopf und Lukas der Lokomotivführer« vorgelesen hat. Als ich zwanzig Jahre später als Katechet selbst Schulunterricht zu halten hatte, habe ich es genauso gehandhabt. Dann auf dem mathematisch-naturwissenschaftlichen Maria-Theresia-Gymnasium unser Latein- und Deutschlehrer Hubertus Kudla: Er war eine Autorität mit der Ausstrahlung des Privatgelehrten. Wenn er das Klassenzimmer betrat, herrschte augenblicklich Stille vor gespannter Aufmerksamkeit. Er brauchte nie die Stimme zu erheben. Disziplin war in seiner Stunde kein Thema. Er konnte noch in den Oberklassen derart für die Klassiker begeistern, dass einer meiner Mitschüler, der ob seiner langen Haare des Strebertums eher unverdächtig war, fast den ganzen Faust I auswendig lernte. Das Vortragen von Texten ist heute noch das Vermächtnis von Herrn Kudla an mich. Als wir den Aufsatz von Immanuel Kant »Was ist Aufklärung?« behandelten, sollte ich ihn vorlesen. Obwohl

damals schon siebzehn oder achtzehn Jahre alt, erfüllte
es mich mit Stolz, wenn mir alle aufmerksam zuhörten
und der »Professor« (so nannten wir damals noch unsere Lehrer am Gymnasium) mit aufgeschlagenem Buch
durch die Bankreihen schritt. An seine Seite gehört unbedingt Frau Propach, von der ich Italienisch lernte, was
dann in der Klosterzeit eine Voraussetzung für mein
Studium in Rom an der Benediktinerhochschule S. Anselmo auf dem Aventin wurde. Religion unterrichtete
mein späterer Freund und Primizprediger Fritz Alt, der
nebenbei noch die Pfarrei Hofolding betreute und mir
ein großes Vorbild eines »nachgehenden« und men-
schenliebenden Seelsorgers wurde. Den Musiklehrern
verdanke ich meine Liebe zu den großen Komponisten,
zur Musica viva, zu Carl Orff. Sie führte zum dilettanti-
schen Instrumentenspiel auf dem Akkordeon, der Orgel
und dem Klavier. Armin Hirn, wie sich nach der Schulzeit herausstellte, ein großer und viel gefragter Aquarel-
list, hatte im Kunstunterricht seine liebe Not mit uns
Schülern. Ich selber habe als Absentenheftführer mit
ihm manchen Strauß ausgefochten. Umso mehr hat es
mich gefreut, als mir viel später seine Witwe einige seiner Landschaftsbilder von der Toskana und den griechischen Inseln zu einer kleinen Ausstellung in den Fürs-
tenräumen des Klosters Andechs zur Verfügung stellte.

Als Schüler habe ich mich in der Pfarrei Hl. Bruder
Klaus in München-Waldperlach engagiert, als Ministrant und Mitglied der Legio Mariä, die sich der Unter-
stützung der Pfarrer auf dem Gebiet der Glaubensver-

kündigung verpflichtet weiß. Auch wenn ich heute ein
Fragezeichen hinter diese Form des Laienengagements
setze, war es damals für mich eine prägende Erfahrung. Dazu gehörte es, zu zweit von Haustür zu Haustür
zu gehen und für den Glauben zu werben, durchaus
vergleichbar mit den oft verspotteten und erlittenen Besuchen der Zeugen Jehovas. Eine Lichtgestalt war der damalige Pfarrer Karl Maria Harrer, ein unermüdlicher
Seelsorger und Trommler für die Sache der Religion und
des Gottvertrauens. Auch wenn er übernatürlichen Phänomenen wie Visionen und Mitteilungen aus dem Jenseits für meinen Geschmack zu viel Gewicht beimaß,
sein pastorales Engagement war vorbildlich! Auch eine
derartige »Phase« gehört zur Herzensbildung.

An der Münchner Universität waren meine beein-
druckendsten Lehrer die Kirchengeschichtler Georg
Schwaiger und der von Ersterem nicht ganz gerecht
als »Journalist« bezeichnete Benno Hubensteiner, die
meine schon als Schüler grundgelegte Begeisterung für
Geschichte auf wissenschaftlicheres Niveau hoben. Von
Prof. Schwaiger ist mir unvergesslich geblieben, wie er
immer wieder mahnte, eine Kirche, die überzeugt sei, sie
verkünde den wahren Glauben, brauche keine Angst vor
der historischen Wahrheit zu haben. Werner Giers verdanke ich die Grundkenntnisse in christlicher Sozial-
ethik, die mir erst bei meiner derzeitigen Arbeit in ihrer
Bedeutung klar werden. Von meinen römischen Professoren möchte ich auch Magnus Löhrer aus dem schwei-
zerischen Kloster Einsiedeln und Gerhard Bekes aus der

Erzabtei Pannonhalma in Ungarn nennen. Beide waren Dogmatiker, der eine las Christologie und Trinitätslehre, der andere Fundamentaltheologie und Ökumene. Löhrer war streng theoretisch ausgerichtet. In seinem Seminar ging es sehr formal zu, methodischer, als ich es je an den beiden deutschen Universitäten, die ich besuchte, gelernt hatte. Bekes war begeistert von seiner Sache, aber ebenso milde, was die Beurteilung der Leistungen seiner Schüler anging. Vielleicht war auch dies einer der Gründe, warum ich bei ihm meine Abschlussprüfung der Theologie mit einer Thesina über Martin Luther für die Erlangung des Baccalaureats ablegte. Dort in S. Anselmo, gleichzeitig Kloster und Hochschule, erlebte ich, was die *universitas* des Mittelalters im besten Sinne sein wollte: eine Lebensgemeinschaft von Lehrenden und Studierenden. Wir wohnten im selben Haus, sangen gemeinsam das Chorgebet, aßen miteinander im Refektorium und machten am Donnerstag, dem traditionellen »Villa-Tag« der römischen Studienhäuser, zusammen unsere Ausflüge in die Umgebung der Ewigen Stadt. Dazu gehörte auch ein regelmäßiger Besuch einer bayerischen Kneipe in der Nähe der Spanischen Treppe, der Professoren und Studenten aus den Klöstern der Alpenregionen Bayern, Schweiz und Österreich vereinte.

Noch während meiner Kaplanszeit in München St. Bonifaz begann ich ein Promotionsstudium bei dem inzwischen zum Freund gewordenen Professor für Liturgie an der Universität Passau, Karl Schlemmer. Aus dem »Doktor« ist dann nie was geworden. Sicher nicht nur wegen der »dazwischengekommenen« Aufgabe als Cellerar in Andechs. Ein anderer Lehrer von mir, Walter Dürig, der damalige Direktor des Herzoglichen Georgianums in München, in dem das Münchner Priesterseminar in den Siebzigerjahren zu Gast war, hat mich folgendermaßen charakterisiert, als er von meiner Absicht hörte, zu promovieren: »Der Bilgri hat doch kein Sitzfleisch!« Ganz unrecht hatte er nicht, wenn ich nur an die Mühen denke, die es mich kostete, die Zeit für das vorliegende Buch freizuschaufeln. Von Karl Schlemmer jedenfalls habe ich gelernt, dass es wichtiger ist, Gottesdienst authentisch zu feiern, als die Zeremonien und Riten detailgenau zu kennen. In dieser Gefahr war ich damals durchaus als langjähriger Zeremoniar des Klosters. Schlemmers Anliegen ist es bis heute, auch nach seiner Emeritierung, die Menschen zu befähigen, als mündige Christen Gott feiernd und betend gegenüberzutreten. Kirche darf sich dabei nicht hinderlich zwischen Gott und Mensch stellen, sie muss dienende und verbindende Brücke sein. Schlemmer scheut sich in diesem Punkt auch nicht, sich gelegentlich mit der von ihm sonst respektierten »Hierarchie« anzulegen.

Den Schluss habe ich für meinen wichtigsten Lehrer reserviert: Abt Odilo Lechner. Als ich 1975 mit 21 Jahren nach dem theologischen Vordiplom an der Münchner Uni und zwei Jahren im Priesterseminar in die Abtei St. Bonifaz eintrat, war er zusätzlich zum Dienst des Klostervorstehers auch Novizenmeister. Ich hatte das Glück, in dieser einjährigen Probezeit am Beginn des

Klosterlebens täglich(!) von ihm eineinhalb Stunden(!) Unterricht zu bekommen. In diesem einen Jahr habe ich mich so intensiv mit den klassischen Texten christlicher Spiritualität auseinandergesetzt wie niemals zuvor oder danach. Wir haben natürlich die Benediktsregel Vers für Vers im spätlateinischen Original studiert, Augustinus und andere Kirchenväter, Thomas von Aquin, Bonaventura, die Viktoriner, viele moderne Mystiker aus der benediktinischen Tradition wie Thomas Merton oder David Steindl-Rast. Aber auch Hermann Hesses »Glasperlenspiel« und die Gedichte von Hilde Domin hat mir Abt Odilo zur Lektüre empfohlen. Noch wichtiger als dieses Kennenlernen des schriftlich überkommenen Erbes war das Vorleben durch Abt und Mitbrüder – auch in aller Bruchstückhaftigkeit und menschlicher Unzulänglichkeit, die Äbten und Mönchen aller Zeiten zu eigen waren und sind.

Natürlich hatte ich auch Auseinandersetzungen mit Abt Odilo. Seine väterliche Autorität hat mich manchesmal erdrückt. Auch noch in den Zeiten als ich als Prior sein Stellvertreter war. Aber an den Fehlern der anderen sieht man wie im Spiegel seine eigenen Schwächen. Auch für dieses Augenöffnen bin ich ihm dankbar. Er hat sich als *praeceptor monachorum* immer aufrichtig bemüht, seinem Wahlspruch aus dem Prolog der Benediktsregel gerecht zu werden – *dilatato corde,* mit geweitetem Herzen. Dies ist ein wahrhaft gutes Motto für ein Lehrstück in Herzensbildung!

An dieser Stelle möchte ich auch den vielen Menschen danken, die mir bei der Zusammenstellung der

Gedanken dieses Buches – oft ohne dass ihnen das bewusst war – geholfen haben. Ausdrücklich erwähnt sei mein Freund Rupert Graf Strachwitz, dem ich den Hinweis auf den Brief von Matthias Claudius verdanke.

*Omnibus vobis maximas gratias ago!*

Anselm Bilgri

# QUELLEN- UND LITERATURVERZEICHNIS

Die Bibel. Das Alte und Neue Testament (in verschiedenen Übersetzungen)
Bilgri, Anselm/Stadler, Konrad: Finde das rechte Maß, München 2004
Bilgri, Anselm: Entrümple deinen Geist, München 2007
Bilgri, Anselm: Stundenbuch eines weltlichen Mönchs, München 2006
Boethius: Trost der Philosophie. Lateinisch-Deutsch. Hrsg. und übers. von
    Ernst Gegenschatz und Olof Gigon, Düsseldorf/Zürich 2002
Die Benediktusregel. Lateinisch-Deutsch. Hrsg. im Auftrag der
    Salzburger Äbtekonferenz, Beuron 1992
Die Philosophie der Stoa. Ausgewählte Texte. Hrsg. und übers. von
    Wolfgang Weinkauf, Stuttgart 2001
Eckert, Johannes Claudius: Dienen statt Herrschen, Stuttgart 2000
Eibl-Eibesfeldt, Irenäus/Sütterlin, Christa: Weltsprache Kunst, Wien 2007
Epiktet: Handbüchlein der Moral und Unterredungen. Hrsg. von
    Heinrich Schmidt. Neubearb. von Karin Metzler, Stuttgart 1984
Epikur: Philosophie der Freude. Eine Auswahl aus seinen Schriften über-
    setzt, erläutert und eingeleitet von Johannes Mewaldt, Stuttgart 1973
Epikur: Wege zum Glück. Griechisch-Lateinisch-Deutsch. Hrsg. und übers.
    von Rainer Nickel, Düsseldorf/Zürich 2003
Epikur: Briefe, Sprüche, Werkfragmente. Griechisch-Deutsch. Hrsg. und
    übers. von Hans-Wolfgang Krautz, Stuttgart 2005
Euringer, Martin: Epikur. Antike Lebensfreude in der Gegenwart,
    Stuttgart 2003
Fuhrmann, Manfred: Bildung. Europas kulturelle Identität, Stuttgart 2002
Guardini, Romano: Tugenden, Mainz 1987
Händeler, Erik: Kondratieffs Welt, Moers 2007
Marquard, Odo: Zukunft braucht Herkunft, Stuttgart 2003
Pohlenz, Max: Die Stoa, Göttingen 1992
Pöppel, Ernst: Der Rahmen. Ein Blick des Gehirns auf unser Ich,
    München 2006
Prange, Peter: Werte, München 2006
Savater, Fernando: Die Fragen des Lebens, Frankfurt a. M. 2000
Schmid, Wilhelm: Glück, Frankfurt a. M. 2007
Schmid, Wilhelm: Philosophie der Lebenskunst, Frankfurt a. M. 1998
Seneca. Briefe an Lucilius über die Ethik Lateinisch Deutsch,
    Stuttgart 1988 ff.
Tarr, Irmtraud: Lob der Herzensbildung, Gütersloh 2008
Vattimo, Gianni: Glauben – Philosophieren, Stuttgart 1997
Weisung der Väter. Übers. von Bonifaz Miller, Trier 1980

**PIPER**

## Ulrich Wickert
## *Das Buch der Tugenden*

Große Texte der Menschheit – für uns heute ausgewählt.
Erweiterte Neuausgabe. 624 Seiten. Gebunden

Ein Buch über so etwas scheinbar Altmodisches wie Tugend –
und wird ein überragender Bestseller! Als Ulrich Wickert
1995 seine persönliche Auswahl von philosophischen und literarischen Texten vorlegte, hätte das niemand gedacht.
Aber diese Sammlung ist einzigartig: Sie versammelt die entscheidenden Verhaltensmaßstäbe, die Menschen in der gesamten Geschichte gefunden haben. Philosophen, Dichter,
Theologen, Weisheitslehrer von der Antike bis zur unmittelbaren Gegenwart hat Ulrich Wickert versammelt. Jede Generation muss selbst definieren, was sie unter Gerechtigkeit, Mut, Solidarität, Toleranz, Wahrhaftigkeit versteht – und
genau das versucht dieses Buch. Es sind die ganz persönlichen Lesefrüchte Ulrich Wickerts.

Der Bestseller jetzt in einer überarbeiteten Neuauflage.

01/1827/01/1